Iswaydaarsi

6

Amiirkii farxadda ku jirey iyo Afar sheeko oo kale

(The Happy Prince and other four stories)

Waxa turjumay / Translated by

Rashid Sheekh Abdillahi Ahmed
Mohamed Hassan Ali "Alto"

2012

PONTE INVISIBILE
REDSEA-ONLINE.COM

REDSEA-ONLINE.COM Culture Foundation
Fidiyaha Aqoonta iyo Ereyga Dhigan - Xarunta dhexe
Daarta Oriental Hotel - Hargeysa, Somaliland
telephone: 00 252 2 525109 | 00 252 2 4099088
email: bookshop@redsea-online.com

Ponte Invisibile
Inquiries to the editor
Jama Musse Jama
Via Pietro Giordani 4, 56123 Pisa, Italy
www.ponteinvisibile.com
email: editor@redsea-online.com | editor@ponteinvisibile.com

Translation to Somali © 2012 REDSEA-ONLINE Cultural Foundation
Translation to English reprinted here with permission.
Published by Ponte Invisibile (redsea-online), 2012, Pisa
I

Copyright © Ponte Invisibile Edizioni 2012
A REDSEA-ONLINE Publishing Group Company.
ISBN: 88-88934-35-9 EAN 9788888934358

www.redsea-online.com | www.kayd.org
Printed and bound in Italy.

Suggested classification for the librarians
Amiirkii farxadda ku jirey iyo Afar sheeko oo kale (The Happy Prince and other four
stories)
p. 160 cm. 14x21
Includes Index.

ISBN: 88-88934-35-9 EAN 9788888934358
I. Amiirkii farxadda ku jirey iyo Afar sheeko oo kale (The Happy Prince and other four
stories) II. Translated by Rashid Sheekh Abdillahi Ahmed and Mohamed Hassan Ali
"Alto" III. Literature /Fiction / Short stories. Includes selected translated poems.

Waxa lagu saxay Ubbo – Quraar iyo Higgaadshe kuu saxa afsoomaaliga. Ka eeg
www.redsea-online.com/ubbo

Xusuustii Faysal Cumar Mushteeg iyo
Maxamed Xaashi Dhamac "Gaarriye"

TUSMADA BUUGGA
INDEX

INTRODUCTION

Somali short story writing is at a nascent stage of its development. Yet there are those who determinedly aspire to become established artists in that literary field. Of course there are many ways of achieving that goal.

One of these means is to travel abroad and meet other peoples, and learn from their culture to develop your creative brain. This is in tune with the wise Somali saying: 'narrow-minded remains the person who has never ventured to travel to and see other lands.' But that obviously arduous and often times unaffordable process can more conveniently be substituted by translation of foreign works into Somali which serves the same purpose even better. And that is happily what we have done here. Published in this booklet is a collection of five short stories by famous British novelists and story writers. Their translation is done by Rashid Sheikh Abdullahi and Mohamed Hassan 'Alto', who are Somali scholars and writers in their own rights.

The original stories in English and their translated Somali version can be easily perused in the book. Here in this introductory note we only want to highlight the theme each story deals with and the accompanying moral lessons which can be learnt for the benefit of our general Somali readership.

The Signalman by Charles Dickens (1866)

The signalman is employed to shoulder the responsible duty of looking after the safety of the passengers travelling by the trains whose routine journey passes through the dark tunnels. He is keen and efficient in his work which entails remaining vigilant for most of the day. The working conditions in the post where he is stationed are weirdly cold and wet most of the time. Eventually the miserable working conditions and the length of time get the better of him, so the poor signalman finally succumbs to hallucinations and the faltering of his mind. Alas! The man charged with the robust duty of passenger safety, is sadly enough unable to save his life.

The Body Snatcher by Robert Louis Stevenson (1881)
The honourable and vital practice of medicine entails, among other things, the use of body parts or organs for treatment of sick patients. This noble profession suffers the greatest misuse by some human beings. These weird characters, looking through the prism of greed and bent on pecuniary gains embark upon the heinous means of extracting corpses from the graves and selling them in hideous markets. But as one evil practice leads to the other this dark business eventually evolves into the dangerous practice of using gangs and hunting and killing living human beings, friends and foes alike, as long as their acts prove to be profitable. It is a horrifying story that cannot be simply dismissed as if from mere imagination and totally detached from reality.

The Marble Finger by Edith Nesbit (1893)
It also deals with mysterious happenings that baffle human explanation. The story reveals how an absent spirit can still be found so closely hovering around us. How a joyous and serene moment can in an instant be reduced into inexplicable disaster by acts that make us find their sufferers dumbfounded and lost for any reasonable explanations for the mishaps they have encountered.

The Selfish Giant by Oscar Wilde (1888)
In this short story, 'The Selfish Giant', the well known Irish writer Oscar Wilde relates a tale of significant meaning. The giant who in the beginning of the story is so crude, callous and hard hearted not showing the slightest feeling of tenderness, suddenly after experiencing a marked change of fortunes learns through the hard way that human life is but an empty void when deprived of the essential elements of shared love and happiness. From this one can rightly deduce that no matter how hard hearted one may appear, yet the possibility of changing for the better cannot be

totally dismissed as impossible to happen. Human sentiments cannot be fathomed. The change that shows in the giant's behaviour and attitude at the end of the story when he is touched by the children's happiness and the blossoming of flowers and plants is ample enough to show the resourcefulness of the human soul.

The Happy Prince by Oscar Wilde (1888)

In his prodigious palace the prince is inundated with all the things of worldly comfort. When it comes to lavish delicious meals, beautiful expensive clothes, attractive decorations, music and plays, the happy prince enjoys every thing pleasurable in life in his towering fabulous palace. Nothing of comfort that one can think of is missing in the palace. After his death, the remains of his wealth is spent to commemorate his name by building a huge statue immortalising his name. The tall statue is completely covered with real gold and other precious stones. After his death, with the miraculous appearance of an angel in the form of sparrow he has a candid conversation. Perched on the top of his statue, the prince discovers the appalling state of misery in which his people languished for so long under his rule. Here his heart melted with sorrow and sadness looking at the mute statue being so decorated with all the valuable materials on earth. So to make up for his ill doings in life, he started distributing all his wealth to the needy. He fulfilled in his death what he failed to do in his lifetime.

The translation of these short stories by famous British writers into Somali, we are sure, will do to help in one way or the other to have a nurturing effect upon young Somalis genuinely and diligently aspiring to become reputed writers in the future.

The book also contains the translated works of Somali Week Festival 2012 visiting artists. Among the poetry translation of this edition include Said Salah's poems including, the award-winning 'Midwife'. Said Salah is a conscientious poet, playwright and teacher, and was the recipient of the 2005 Virginia McKnight Binger award for Human Service. Said Saleh's work has been translated by Ahmed Ismail Yusuf and Clare Pollard. Clare has also translated the late Faysal Cumar Mushteeg's songs, called

'Don't strike against the Soil' and Muuse Ali's poetry with Mahamed Hassan 'Alto'.

The book also contains two poems by Hassan Qawdhan Yussuf, edited by James Byrne, an internationally-renowned poet, and translated by Said Jama Hussein and Professor Lidwien Kapteijns, who is a professor at Wellesley College and the associate editor of a bilingual (Somali and English) cultural and literary journal called Halabuur. Mahamed Hassan 'Alto' has also worked with James Byrne to translate a poem by Abdidhuh Yussuf, who is also one of the Somali Week Festival 2012 visiting artists.

Cabdillaahi Cawed Cige

HORDHAC

Si loo kobciyo qoraalka sheekada waxa la is dareensiiyay in qoraaga Soomaaliga iyo sahaydiisa uu ku dagaal gelayaa kobcin u baahan yihiin. Mar haddii la yidhi "qof aan dhul marin, dhaayo ma leh", koboca lala maaggan yahay qoraagu na waa in dhaayihiisu arkaan, maankiisu na dhugto duni kale, oo dad kale u maleegeen qaab iyo dhisme kiisa horyaalla ama agtiisa ku kooban ka duwan. Si dedaalkaas looga midho dhaliyo waxa buuggan lagu soo ururshay sheekooyin shan ah oo laga soo raray afaf kale. Waxa dedaalka lagu Soomaaliyeeyay sheekooyinkan iska leh Rashiid Shiikh Cabdillaahi "Gadhweyne" iyo Maxamed Xasan"Alto". Sheekooyinku waxay dhammaantood ku soo baxeen af Ingiriisi.

Ishaaraside oo uu qoray Charles Dickens (1866) waxa ay tilmaamaysaa masuul u xilsaaran badbaadada iyo bedqabka rakaabka ku goosha tareemada ka dusa godka qoyaanka iyo qadhqadhyada badan ee uu ku xidhan yahay. Waa nin shaqadiisa aad u yaqaan, oo ku wanaagsan. Cidlada uu ku xidhan yahay, godka hoose ee ifka aakhiro uga dhow iyo saacadaha badan ee uu shaqada ku jiraa in ay maankiisa qayireen laga mooyi, waxa se muuqata in aan badbaadshuhu aakhirka is badbaadin karin. Mise qadderka ayaan ishaaro iyo calaamad lagu waabiyo mid na lahayn.

Meyd Dhufsade oo uu qoray Robert Louis Stevenson(1881) waxa ka bidhaamaysa baahida loo qabo jidh dad oo lagu barto dhakhtarnimada taas oo kelliftay in xabaalaha meyd laga soo gurto oo lacag la dhaafsado. Kol haddii iib yimi, damac iyo hunguri na waa jiraa. Ganacsi ballaadhay kolka uu soo baxay waxa yimi dil badheedh ah iyo haddidaad la isku dirqiyo hawsha noocaas ah iyo qabashadeeda. Jaalkaa wuxuu sheekadan ku odhanayaa 'libaax iyo wan' mid uun noqo. Waa qiso horor iyo yaxyax leh, dhaqan jiray na salka ku haysa. Waxay ay sheekadan dun ka wada unkan yihiin Fartii Marmarka Ahayd oo ay qortay Edith Nesbit(1893) waxa lagu markinayaa argagax, waxa na lagu taabsiinayaa mucjisada iyo ruuxda maqan ee hadda na agagaarkaaga laga helo. Farxadda iyo deganaanshaha la bartay ee lagu naalloonayo waxa kala tuuraya fal dhicitaankiisa maanku diidayo, hadda na yaab iyo qaadan waa ku noqonaya kii aan rumaysnayn ee la kulmay.

Qoraagii weynaa ee ka dhashay quruunta Ayrashka(Irish) ee Oscar Wilde(1888) ayaa wuxuu Teerrigii dantii maraataha ahaa inoogu tilmaamayaa: Teerriga dantiisa uun ka raacdaa waa qof uun, kashiisu uma dhagax aha sida falkiisu bilowga sheekada u naxariis iyo kalgacal daran yahay. Isbeddel inoo tilmaamaya; in aan qof na laga quusan ayaa kolka dambe ku dhacaya. Wuxuu noqonayaa mid naxariistiisa ku kasbada janno iyo beer ka qurux badan tii uu ku taamayay abidkii.

Sheekada shanaad ee buugga Oscar Wilde(1888) ayaa inoo soo noqday isaga oo horkacaya Amiirkii Farxadda ku Jiray. Amiirku farxaddiisii wuu la god galay. Dacdarrada iyo diifta qaybo badan oo bulshada uu maamulo ah haysatay wuxuu kaga gudbanaa gidaarrada dhaadheer ee qasrigiisa. Dhar qaali ah, dheemman iyo luul ayuu Amiirku ifka ku huwanaa. Qasrigiisa xafladaha miyuusigga iyo ciyaaraha ah ayaa joogto ka ahaa. Dhimashadiisii taalladii loo dhisay na qiimihii uu adduunka ku lahaa ayay astaan u noqotay, isaga se waa intii ka qarsoonayd. Dhagaxa qaaliga ah iyo dahabka timsaalkiisa meel wal ba lagaga nabay ayaa indhaha u furay. Tiirada la saaray na magaaladiisii uu u talin jiray, derbigu se kaga gudbanaa ayay guudka ka tustay. Waa kaas qalbigiisii qoyay ee naxariistu ku hoortay, waa kaas wixii uu nolol ku huriwaayay isaga oo mootan u qaybshay maatadiisii baahnayd. Xitaa indhihiisii ayuu sadaqo u bixiyay oo cid ka baahi badan ku mannaystay. Abaalgudka se keligiis ma leh, malag kale oo waayuhu isu keeneen oo naxariis na loo dhammeeyay ayaa murugadii Amiirka ka maydhay, noqdayna naftii hore sheekada udub dhexaad u ah.

Qoraayada sheekooyinkooda la turjumay:
Charles Dickens (7 February 1812 – 9 June 1870) wuxuu ahaa qoraa iyo ruux falanqeeya arrimaha bulshada. Wuxuu ka dhashay Ingiriis, waxaa na loo aqoonsan yahay qoraagii mala-awaalka ee xilligii boqoraddii Fiktooriya(Victorian period) calanwalaynaysay.

Robert Louis Stevenson – (13 November 1850 – 3 December 1894) wuxuu ahaa gabayaa iyo qoraa Iskootish ah(Scottish).

Edith Nesbit (15 August 1858 – 4 May 1924) waxa ay ahayd gabayaa iyo qoraa Ingiriis ah.

Oscar Wilde (1854-1900) wuxuu ahaa qoraa la yaab leh, masrixiyadaha ayuu samayn jiray, wuxuu kale oo ahaa gabayaa. Wuxuu ka dhashay bulshoweynta Ayrashka(Irish).

Ugu danbayn, sidii sannidihii horeba waxa buugga ku jira suugaan Af Soomaali ah oo loo turjumay Af Ingiriisi. Suugaanta la turjumay waxa tiriyey Siciid Saalax, (Alle ha u naxariistee) Faysal Cumar Mushteeg, Muuse Cali Faruur, Xasan Qawdhan iyo Cabdidhuux Yuusuf, oo dhammaantood marti u ahaa Toddobaadka Dhaqanka iyo Fanka Soomaalida ee 2012. Suugaantaas waxa turjumaaddeeda iska kaashaday Maxamed Xasan Alto, Siciid Jaamac Xuseen, Axmed Ismaaciil Yuusuf, Clare Pollard, James Byrne iyo Lidwien Kapteijns.

Cabdillaahi Cawed Cige

FIRST PART / QAYBTA HORE

STORIES / SHEEKOOYIN

THE SIGNALMAN

Charles Dickens (Retold by Kieran McGovern)

'Hello! You down there!'
The signalman was standing at the door of his box, directly below me. I was sure he could hear my voice but he did not look up. Instead, he looked in the opposite direction down the railway line.

There was something strange about the way he did this, something I could not explain. I looked again, using my hands to protect my eyes from the bright sunset.

'Hello! I am up here!'
This time he turned around. He looked up to where I was standing, high above him.

'Is there a path? I want to come down and speak to you.'
He did not answer. Just then, a train came past, forcing me to move back. When I looked again he was refolding the flag he was carrying.

I repeated my question. He looked at me for some moments, without speaking. Then he pointed with his flag towards a point in the distance.

I walked over to that point and looked closely around me. There was a very rough path, and I followed it.

The cutting was deep and unusually steep. It took me a few minutes to climb down low enough to see the signalman again. He was standing between the rails, waiting for me to appear. He had his left hand at his chin, and his right elbow rested on his right hand.

A dark and lonely place
I walked down on to the level of the railway. As I came nearer, I saw that he had a dark beard, heavy eyebrows and bad skin. His signal box was in a dark and lonely place.

ISHAARASIDAHA

Charles Dickens (Dib-u-wariyey Kieran McGovern)
Soomaaliyeyntii Maxamed Xasan "Alto"

"Ninka hoosta joogow!"
Ishaarasiduhu wuxuu hortaagnaa kadinka qalwadiisa oo
hoostayda ku beegneyd. Waan hubay in uu codkayga maqlayay
kor se iima soo eegin. Wuxuu ba u jeestay dhanka kale oo jidkii
tareenku ka xigay. Wax baa ka si ahaa qaabka uu wax u eegay,
wax aanan qeexi karin.

Waxaa jirey qaab yara silloon oo aan qoonsaday in uu ku
dhaqmayay, ma garan karo waxaan ku fasiro. Mar kale ayaan,
aniga oo gacantayda cadceedda indhaha igaga soo dhacaysa isaga
dhigaya, dhankiisii eegay.
"Waa i kan, dusha sare ayaan joogaa!"
Kolkan wuu soo jeestay, halkii sare ee aan taagnaa ayuu soo eegay.
"Wadiiqo ma jirtaa? Waxaan doonayaa in aan soo daadego oo
kula hadlo."
Ma uu jawaabin. Islamarkiiba, tareen baa soo maray oo igu kellifay
in aan dib isu taago. Kolkaan dib u eegay wuxuu duuduubayay
calan uu sitay. Su'aashaydii baan ku celiyay. Cabbaar buu i eegay,
ilama se hadlin. Dabadeedna ushii calanku igu duubnaa ayuu meel
durugsan iigu tilmaamay. Halkii baan u dhaqaaqay oo hareerahayga
dhugtay. Wadiiqo xun ayaa meesha ah, waan raacay. Tiiro hoos u
gudan oo janjeedha ayay ahayd. Dhawr daqiiqo ayay igu qaadatay
in aan ku daaddego meel aan ka arko ishaarasidaha.
Wuxuu dhex taagnaa xadiidka tareenka oo sugayay inaan soo
muuqdo. Labadii xadiid ee tareenka dhexdooda ayuu taagnaa
oo igu dhowrayay si uu ii arko. Gacantiisa bidix wuxuu ku hayay
gadhkiisa, suxulkiisa bidixna wuxuu duldhigey gacantiisa midig.

Meel weeye gudcur iyo ciirsila' ah
Xadiidkii tareenka dushiisa ayaan ku soo socday. Kolkaan ku
soo dhowaaday waxaan arkay in uu leeyahay gadh madow,

On either side, there were high wet walls, shutting out almost all natural light. In one direction the line seemed to stretch without end. In the other there was a gloomy red light at the entry to a dark tunnel. Very little sunlight ever reached this place.

It had a strange, dead smell. I felt its cold wind in my bones. I felt I had left the natural world.

The signalman watched me come towards him. When I was near enough to touch him, he took a step back and lifted his hand.

'This is a very lonely place,' I said. 'I don't expect you have many visitors.'

He did not answer. Instead, he looked in a very strange way at the red light at the tunnel's mouth.

I looked at his staring eyes and gloomy face. A terrible thought came into my mind.

Perhaps this was a ghost, not a man! Then I noticed the fear in his eyes.

'Why are you looking at me in that way?' I asked, forcing a smile, He answered in a low voice: 'I thought I had seen you before.'

Very lonely

'Where did you see me?'

The signalman pointed to the red light.

'There?'

Staring at me, he replied (but without sound), 'Yes.'

'My good fellow,' I said. 'I promise you I have never been here before.'

'Yes,' he replied. 'I can see that now.'

We both relaxed a little. 'Do you have much work to do here?' I asked.

'Not physical work,' he said. 'I only have to change that signal, and look after that light.'

'But you have to spend many hours watching the line,' I said. 'It must be very lonely.'

'I am used to it, sir,' he said. 'And I try to spend my time well. I read and study.'

'Do you always have to stay down here? Don't you ever go up into the sunshine?'

'Not very often, sir' he said. 'I must always stay near the line.

sunniyo xoog u baxay iyo dub xun. Qalwadiisu waxay ku taallay cidla mugdi ah. Dhinac kasta waxa ka xigay derbiyo dhaadheer oo qoyan oo iftiinkii cadceedda badankiisii daboolay. Dhinac baad moodaysay inaan khadka tareenku dhammaanba, dhanka kale godka tareenku huluusho afkiisa oo mugdi ah waxa ka muuqday laydh casaan ah oo aragxun. Iftiin qorraxeed meeshan weligeed ma soo galo. Waa meel ur dhimatay leh. Qabowgii dabayshu wuxuu danqay lafahayga. Waxaan dareemey in aan dunidii caadiga ahayd ka tegay.

Ishaarasidihu wuu i daawanayay intaan ku soo socday. Kolkii aan u jiray in aan ka taaban karo ayuu dib isu taagay oo gacantiisiina kor u qaaday.

"Meeshu kob weeye cidla ah," ayaan idhi. "Filimaayo in socoto badani kuu timaaddo."

Ma jawaabin. Hayeeshee, wuxuu si la yaab leh u eegay dhankii laydhka casi ka baxayay ee godka afkiisa. Waxaan dhugtay indhihiisa la yaabka leh iyo wejigiisa murugada huwan. Fekred xun ayaa maankayga ku soo degtay. Wuxu ba malaha nin maaha, waa dadkii aakhiro! Cabsi ayaan dabadeed indhihiisii ka dareemay.

"Maxaad caynkaas iigu soo eegeysaa?" ayaan weydiiyey, aniga oo qosol khasab ah ka keenay. Cod gaaban ayuu ku warceliyey: "Waxaan u maleeynayaa in aan horey kuu arkay."

Cidlo joog

"Halkeed horey iigu aragtay?"

Ishaarasidihii wuxuu farta ku fiiqey laydhkii casaa.

"Halkaas?"

Isagoo i eegaya aan hadlin se ayuu, "Haa" ishaaray.

"Saaxiibkaygii wacnaayow waxaan marag ka ahay in aanan halkan weligay iman" ayaan ku idhi.

"Haa," ayuu ku warceliyey. "Taasi hadda way ii muuqataa."

Labadayadii ba waa iska xasillay,"Ma shaqo badan baad halkan ka qabataa?" ayaan weydiiyey.

"Maaha shaqo muruq u baahan," ayuu ku warceliyey. "Waa in aan ishaaradaas kolba beddelo, laydhkaasna isha ku hayo."

"Saacado badan baad ku bixisaa inaad isha ku hayso khadka," ayaan idhi. "Kollay waa kugu cidlo meeshu."

He took me into his box where there was a fire, and a desk for an official book. There was also a machine with a little electric bell. This was for sending telegraphs along the line.

The bell interrupted the signalman several times. When it rang he had to read off messages, and send replies. Once he had to stand outside the door, and show a flag as a train passed.

Though the signalman obviously knew his work very well, his behaviour was a little

strange. Once he turned his face towards the little bell when it did NOT ring.

Getting to his feet, he opened the door of the hut and looked out towards the red light near the mouth of the tunnel. When he returned to the fire he had that strange look again.

I am troubled

'Are you happy with your work?' I asked

'I used to be happy,' he answered, in that same low voice 'But now I am troubled, sir. '

'By what? What is your trouble?'

'It is very difficult to explain, sir. If you visit me again tomorrow night, I will try to tell you.'

'When shall I come?'

'I go off early in the morning. I shall be here again at ten o'clock tomorrow night, sir.'

We went out through the door together. 'I'll show you my white light, sir,' he said, in his strange low voice, 'until you have found the way up. Only don't call out when you reach the top. Nor when you come down tomorrow night. You must promise me that!'

This made me a little nervous, but I said, "Very well'.

'Before you go, can I ask you a question?'

'Certainly.'

'What made you cry, "Hello! You down there!" Why those exact words?'

'I don't know,' I said. 'I suppose I it was because I saw you below.'

'No other reason?'

'No.'

He wished me good night and held up his light. I walked by the side of the railway line until I found the path. It was easier to

"Waan la qabsaday, mudane!" ayuu yidhi. "Waqtiga ayaan ka
faa'idaystaa. Wax baan akhristaa , waxna waan bartaa."
"Had iyo goor ma inaad hoostan joogtid baa? Miyaanad weligaa
cadceedda sare u bixin?"
"Mudanow, inta badan maya!" ayuu yidhi. "Had iyo jeer waa in
aan ka ag dhowaado khadka tareenka."
Wuxuu ii kexeeyay dhankii qalwadiisa oo dab ka shidnaa, miis
baa yaallay buug shaqadu leedahay dul saaran yahay. Waxa kale
oo yaallay mishiin dawan leh oo farriimaha la isugu diro.

Sanqadhii dawanka ayaa dhawr jeer ishaarasidaha qashqashtay.
Waa inuu kolka dawanku dhawaaqo farriinta timi akhriyo,
warcelin na diraa. Kolka tareen dhaafayo waa inuu debedda u
baxo oo calanka taagaa. Inkasta oo uu u muuqday qof shaqadiisa
yaqaan hadda na habdhaqankiisa wax baa ka si ahaa. Mar buu
jeestay oo dawanka oo aan dhicin dhankiisa eegay. Wuu kacay,
furay albaabkii qalwada oo fiirshay dhankii laydhka cas ee godka
afkiisa ku yiil.
Inkastoo ishaarasiduhu uu yahay, sida ka muuqata, qof
shaqadiisa si wacan u garanaya, hayeeshee dabeecaddiisu waxay
ahayd mid silloon. Kol waxaa dhacday in uu eegey oo u jeestey
dhanka dawanka yar kiiyoo aan yeedhin. Kolkii uu usoo jeestay
dhanka dabkii noo baxayay wejigiisa yaab baa ka muuqday.

Waan arbushanahay
"Miyaad shaqadaada ku faraxsantahay?" ayaan weydiiyey.
"Waan ku faraxsanaan jirey, "ayuu ku warceliyey, isla codkii
gaabnaa oo lagu yiqiin, "Imminkase waan arbushanahay,
mudane!"
"Maxay? Maxaa ku arbushay?"
"Way adagtahay in aan kuu sharraxo, mudane. Habeen dambe
haddii aad ii timaaddo waan isku deyi in aan kaaga warramo."
"Goormaan kuu imaaddaa?"
"Aroorta hore ayaan shaqada ka baxayaa. Habeen dambe tobanka
igu soo noqo, mudane!"
Kadinka ayaannu ka wada baxnay. "Tooshkayga ayaan kugu
hagayaa, mudane!" ayuu yidhi, isla codkiisii gaabnaa ee silloonaa
ee lagu yiqiin, "ilaa iyo inta aad ka heleyso wadiiqadaadii. Keliya
waxaad ii sameeysaa kolkaad dhakada sare ha ii yeedhin iyo

climb up than to come down, and I got back to my hotel without adventure.

The next night I kept my appointment. The clocks in the distance were striking eleven when I began climbing down the path. The signalman was waiting for me at the bottom.

'I have not called out,' I said, when we came close together. 'May I speak now?'

'Of course, sir.'

We shook hands and walked together to the box. Then we entered it, closed the door, and sat down by the fire.

'I have decided, sir,' he began, as we sat down. "That I will try to explain to you what troubles me.'

I will try to explain

He spoke in little more than a whisper. I had to lean forward to hear him.

'I thought you were someone else yesterday evening,' he continued.

'Who?'

'I don't know.'

'Someone like me?'

'I don't know. I never saw the face.'

'I'm sorry I don't understand.'

'One moonlight night,' said the signalman, 'I was sitting here. Suddenly I heard a voice cry, *Hello! You down there!* I jumped up and looked out from that door.'

'What did you see?'

'A man was standing by the red light near the tunnel. His left arm was across his face but he was waving his right arm. This way.' He made a gesture with his own left arm to show me.'

'What did he say?'

'Exactly what you said. *Look out!* the man was calling. *Hello! You down there! Look out!*'

'What did you do?'

'I picked up my lamp, and ran towards him. "What's wrong?' I called. "What has happened? Where?"

The man stood just outside the tunnel. I ran right up to him, but he still kept his sleeve across his eyes. My hand stretched out to pull the sleeve away. But he had gone.'

habeen dambe kolkaas soo dhaadhacayso toona. Ballantaas uun
ii qaad!"

Taasi naxdin bay i yara gelisey, hayeeshee waxaan idhi,
"Hawraarsan!"

"Intaadan tegin, miyaan su'aal ku weydiin karaa?"

"Hubaal."

"Maxaa kugu kallifay in aad ku qayliso, 'Ninka hoosta taaganow!
Nabad!' Waayo ereyadaas laftooda?"

"Garan maayo," ayaan idhi. "Waxaan filayaa waxa aan ereyadaas
u idhi in ay ahayd aniga oo arkay adiga oo hoosta taagan."

"Sabab kale ma jirin?"

"Maya."

Habeen wacan ayuu ii rajeeyey jidkii na wuu ii sii ifiyey. Xadiidka
ayaan barbar galay ilaa aan wadiiqadii helay. Fuulitaanku waa
ka fududaa degitaanka, waxaanan ku noqday hudheelkaygii
iyada oo aan waxba iga hor iman.

Habeenkii ku xigey waxaan oofiyey ballantii. Wadiiqada kolkaan
ka sii daadegayay waxa meel iga durugsan saacaddii ka
sanqadhaysay waxay tilmaamaysay kow iyo tobankii habeennimo
oo gaw ah. Ishaarasidihii gunta ayuu igu dhowrayay.

"Kuuma aanan yeedhin," ayaan idhi, kolkaan isu soo
dhowaannay. "Imminka miyaan hadli karaa?"

"Dabcan, mudane!"

Waannu is gacanqaadnay oo dhankii qalwadiisa isu raacnay.
Gudaha ayaannu galnay, xidhannay albaabkii, oo dabka agtiisii
fadhiisannay.

"Mudanow waxaan go'aansaday" ayuu hadalkiisii ku billaabay,
kolkii aannu fadhiisannay. "In aan isku dayo in aan kuu sharraxo
waxa i luraya."

Waan iskuddayayaa in aan kuu sharraxo

Xanshashaq hoose ayuu ku hadlay. Waan ku soo foororsaday si
aan u maqlo.

"Xalay fiidkii waxaan moodayay inaynu meel kale joogno"

"Kuma?"

"Garan maayo."

"Ma qof anigoo kale ah?"

"Garan maayo. Wejigiisa ma aan arkaynin."

'Into the tunnel?' I said.

'No. I ran on into the tunnel. After about five hundred yards I stopped and held my lamp above my head. All I saw was the dark, wet walls. I ran out again, faster than I had come in.

'Outside the tunnel, I looked around the red light with my own light. Then I ran back to this box and telegraphed both ways along the line. "An alarm has been given. Is anything wrong?" The answer came back, both ways, "All well."'

This strange tale produced cold sweat on my neck. But I tried to give comfort to the signalman.

'This was not a man you saw,' I said. 'It was your eyes playing tricks with the light. And I can explain the cry you heard. Listen to the strange sound the wind makes with the telegraph wires in this unnatural place. Isn't a human cry?'

The signalman shook his head. 'I know the cry of the wind on wires very well,' he said.

'I often spend winter nights alone here. But I have not finished my story.'

'I am sorry. Please continue.'

Touching my arm, he said slowly. 'Six hours after I saw the figure, there was a terrible accident on this line. They carried the dead and the wounded through the tunnel, sir. They brought them to the very spot where the man had stood.'

The spirit returned

There was a long pause. Outside the wind made a crying sound in the wires.

'That is a remarkable coincidence,' I said. 'But such coincidences happen often in life.'

'This happened a year ago,' he said, again laying his hand upon my arm. 'And a week ago the spirit returned.'

'Where? At the Danger-light?'

'Yes. It appears at different times.'

'What does it do?'

He repeated the action with his arm. Again the message was clear to me. It said, 'Clear the way!'

Then he went on. 'I have no peace or rest because of it. I hear it calling to me, "You

"Waan ka xumahay ma fahmin."

"Habeen caddo ah," ayuu yidhi, "Bartan ayaan fadhiyey. Mar qudh ah ayaan maqlay cod qaylodhaan ah oo leh: 'Ninka hoosta taaganow! Nabad!' Waan booday oo debedda dhugtay."

"Maxaad aragtay?"

"Nin baa laydhka cas ee godka tareenka agtiisa taagnaa. Gacantiisa bidix waxay ku gudbanayd wejigiisa, tiisa midig na wuu haadinayay. Sidatan" Gacantiisa bidix ayuu falkii tusaale ahaan iigu muujiyey"

"Muxuu ku yidhi?"

"Intaad adigu tidhi, 'Digtoonow!' ayuu ninku ku dhawaaqayay. 'Ninka hoosta taaganow! Nabad! Digtoonow!'"

"Maxaad sameeysey?"

"Siraadkaygii baan qaatay oo xaggiisii ku cararay. 'Maxaa kugu dhacay?' ayaan ku idhi. 'Maxaa ku heley? Xaggee?'

Wuxuu ninku taagnaa godka dibeddiisa. Toos baan xaggiisii ugu cararay, hayeeshee weli gacantiisii baa indhihiisa ku gudbanayd. Gacantaydii baan xaggiisa u togay si aan u feydo wejigiisa, wuuse tegay."

"Ma xagga godka?" ayaan idhi.

"Maya. Aniga ayaa xagga godka u cararay. Shan boqol oo tallaabo kolkaan orday ayaan joogsaday oo siraadkii madaxayga la simay. Gidaarro mugdi ah oo qoyan uun baa ii muuqday. Orodkii aan ku soo galay mid ka daran ayaan kaga baxay.

Siraadkaygii ayaan laydhka cas iyo agagaarkiisa ba ku eegay. Waxaan ku laabtay qalwadaydii oo farriin dhinac walba u diray. "Waa qaylodhaan, miyay wax dhaceen?" Labadii dhinacba jawaab ayaa ka timid, 'Wax kasta way hagaagsan yihiin.'"

Sheekadan layaabka leh ayaan dhidid iga keentay. Waxaan se isku deyay inaan ishaarasidaha niyadda u dejiyo.

"Waxaad aragtay ma ahayn nin," ayaan idhi. "Waxay ahayd khiyaali indhahaagu laydhka ka abuureen. Dhawaawaqa aad maqashay na waan kuu sharraxi karaa. Bal dhegayso meeshan waaqlada ah sida dabayshu waayirrada telegaraafka uga cabaadinayso. Miyaa qaylo dad laga gartaa?"

Ishaarasidihii madaxa ayuu lulay. "Si wacan baan u aqaan codka dabaysha ee waayarradu bixiyaan," ayuu yidhi. "Habeennada

down there! Look out!" I see it standing there waving to me. It
rings my little bell -'
'Did it ring your bell yesterday evening when I was here?'
'Yes.'
'But I promise you it did NOT ring at the time you went to the
door.'
He shook his head. 'I have never made a mistake about that yet,
sir. I have never confused the spirit's ring with that from the
station. The spirit's ring is a strange vibration in the bell. I am
not surprised that you did not hear it. But I heard it.'
'And did the spirit seem to be there, when you looked out?'
'It WAS there.'

'Why did it not tell me?'
'Will you come to the door with me?' I asked. 'We will look for it
now.'
He bit his lower lip, but got up from his chair. I opened the door,
and stood on the step.
He stood in the doorway.
Along the line there was the Danger-light at the gloomy mouth
of the tunnel. On either side of the line were the high, wet
stonewalls of the cutting. Stars filled the night sky above us.
'Do you see it?' I asked him, watching his face carefully.
'No,' he answered. 'It is not there.'
We went in again, shut the door, and returned to our seats.
He stared at the fire, only occasionally turning his eyes to me.
'What does the ghost mean?' he said. 'What is it warning against?
There is danger coming somewhere on the line. But what is the
danger? Where is the danger? Something terrible will happen.
But what can I do?'
He pulled out his handkerchief, and wiped the sweat from his
forehead.
'I could telegraph 'Danger' along the line,' he went on, wiping
the palms of his hands.
'But I can give no reason for it. They would think I was mad. '
He put his hands across his forehead. His distress was terrible to
see.

jiilaalka halkan baan inta badan keligay joogaa.Sheekadaydii se ma aan dhammayn."

"Waan ka xumahay. Fadlan wado."

Gacanta intuu i taabtay ayuu hoos u yidhi "Lix saacadood kadib kolkii aan muuqaalka arkay shil aad u xun ayaa khadkan ka dhacay. Waxay mudane godkan soo mariyeen dhaawacii iyo dadkii dhintay. Bartii ninku taagnaa ayay keeneen."

Soo noqotay ruuxdii

Aammus dheer baa dhacay. Dabayshu waayirrada debedda ayay ka dhawaajinaysay.

"Waa wax isku beegmay uun," ayaan idhi. "Waana wax dhaca oo nolosha ka mid ah."

"Tan oo kale sannad ka hor ayay dhacday," ayuu yidhi, isagoo kol labaad baabacadiisa saaraya gacantayda. "Misana toddobaad ka hor ayay ayay ruuxdii soo laabatay."

"Halkee? Ma dhinaca laydhka cas?"

"Haa. Waxay soo baxday dhawr jeer oo kala duwan."

"Maxay samaysay?"

Falkii ayuu ku celiyey isagoo gacantiisii ku muujinaya. Mar kale aniga farriintu way ii caddayd. Waxay tidhi: "Bannee waddada!" Wuu sii watay hadalkiisii. "Nabad iyo nasasho mid na ma helo ruuxdaas darteed. Dhawaaqeeda uun baan maqlaa, 'Ninka hoosta taaganow! Digtoonow!' Waxaan arkaa iyada oo halkaas taagan oo ii gacanhaadinaysa. Dawankayga yarka ah ayay garaacdaa –"

"Xalayto fiidkii kolkii aan kula joogay miyay garaacday dawankaaga?"

"Haa."

"Kolkaad dhanka albaabka qabatay xaqiiqdii ma jirinnin wax dawan ah oo yeedhey."

Madaxiisii ayuu lulay. "Mudane weligay arrintani igama khaldanto. Iskuma khadlo garaacista ruuxda ee dawanka iyo midka saldhigga tareenka. Dhawaaqa dawanka ruuxdu kaga yeedhsiisaa waa mid yaab leh oo gariir ah. Ku la yaabimaayo haaddii aanad maqlin. Aniguse maqlay."

"Oo kolkaad dibedda eegtey miyey ruuxdu halkeer joogtay oo ka muuqatay.?"

"Waay joogtay."

Distress

'When the spirit first stood under the Danger-light,' he went on, putting his dark hair back from his head, 'why did it not tell me where the accident was to happen? Does it now want to prepare me for a second disaster?

But I am only poor signalman on this lonely station! Why not go to somebody with the power to do something?'

I saw that for the poor man's sake, as well as for public safety, I had to try and calm him. 'You are a good signalman,' I told him 'The most important thing is for you to do your job well.'

'You are right, sir,' he answered, and as the night advanced his attention turned to his various duties. I offered to stay until the morning, but he assured me there was no need.

I was worried about the signalman and looked back more than once at the red light as I climbed back up the path. Was it safe to leave the lives of passengers in his hands? I decided to talk to him again the following night. Perhaps I could persuade him to see a doctor?

'Not the man belonging to that box?'

The next evening was lovely and I set out early. The sun was not quite down when I reached the exact spot where I had first seen the signalman. It was too early to go down to his box and I was about to turn and walk some more.

Without thinking, I looked down towards the line. What I saw froze my blood.

Close to the mouth of the tunnel, there was a man. His left arm covered his face and that he was waving his right arm.

Then I saw that it was a real man. He was making his gesture to a little group of other men standing at a distance. The Danger-light was not yet lit.

I immediately knew that something was wrong and ran down the path as fast as I could.

Why had I left the man there? Why had I not told anyone?

'What is the matter?' I asked the men.

'A signalman was killed this morning, sir.'

'Not the man belonging to that box?'

'Yes, sir.'

'Oh no! How did it happen?' I asked, turning from one to another.

"Maxaa la iigu sheegiwaayay?"
"Miyaad kadinka ila tegeysaa?" ayaan weydiistey. "Bal aynu imika eegnee."
Dibinta ayuu qaniinay oo kursigii ka sarakacay. Albaabkii ayaan furay oo jaranjarada istaagay. Kadinka ayuu isna joogsaday. Khadka tareenka dhinaca afka godka fooshaxun waxa ka muuqday laydhkii casaa. Labada dhinac ba waxa raacsanaa derbi dheer, dhagax laga qoray oo qoyan. Samada naga sarraysa waxa buuxiyay xiddigo.
"Ma aragtaa?" ayaan ku idhi intaan wejigiisii si wacan u dhugtay. "Maya," ayuu ku warceliyey. "Halkaas ma joogto."
Gudihii ayaannu ku laabannay, albaabkii xidhannay, oo kuraastayadii dib ugu noqonnay.
Dabkii ayuu ku dhaygagay, kolkol uun bay indhihiisu dhankayga soo jalleecayeen.
"Waa maxay ruuxda dadka dhintay?" ayuu yidhi. "Maxay inooga digaysaa? Halis baa khadka meel uun kaga soo socota. Hayeeshee, maxay halistu tahay? Halkee halistu joogtaa? Arrin cabsigelin leh ayaa dhici doonta. Maxaanse anigu ka qaban karaa?"
Dhididdhawrkiisii buu la soo baxay oo foodda ku masaxay.
"'Digniin waan diri karaa" wuu sii watay hadalkiisii, isagoo calaacallaha gacmihiisa tirtiraya. "Hayeeshee wax aan ku tilmaamo ma ogi. Qof waalan bay ii qaadanayaan."
Wejiga ayuu gacanta saaray. Diiqadda haysay waxay ahayd mid muuqata.

Diiqad
"Ruuxdu markii ugu horraysay ee ay laydhka cas isa soo hoos taagtay," wuu sii watay hadalkiisii, isaga oo timihiisii madoobaa dib wejigiisa uga celinaya, "maxay iigu sheegi weydey halka shilku uu ka dhici doono? Ma waxay imminka doonaysaa in ay aafo labaad ii diyaariso? Waxaanse ahay ishaaraside miskiin ah oo jooga rugtan cidlada ah! May doonato qof awood leh oo wax qaban kara?"
Aniga oo badbaadada ninkan miskiinka ah iyo tan dadweynahaba eegaya ayaa is idhi iskuday in aad laabta u dejiso."Waxaad tahay ishaaraside wanaagsan," ayaan ku idhi. "Waxa muhiim ah, adigu shaqadaada uun si wanaagsan u qabso."

'Look out! Look out!
'He was knocked down by a train, sir. No man in England knew his work better but for some reason he was still on the line as the engine came out of the tunnel. '
'The driver here was showing us how it happened. Show the gentleman, Tom.'
A man, dressed in rough dark clothes, stepped back to the mouth of the tunnel.
'The train was coming round the curve in the tunnel, sir,' he said. 'I saw him at the end with his light in his hand but there was no time to slow down. The strange thing is he seemed not to hear the whistle.'
'What did you do?'
'I called out to him, "You down there! Look out! Look out!"
It was terrible, sir. I never stopped calling to him. I put my left arm before my eyes not to see. But I carried on waving my right arm until the end.'

The End

"Mudane, sax baad tahay!" ayuu ku jawaabay. Habeenku waa isa sii guray, isna hawlihii u yaallay ayuu u dhugmadiisii u jeedshay. Waxaan u soo jeediyey in aan la joogo teer iyo waagu ka dillaacayo, wuxuu ii xaqiijiyey in aan middaas loo baahnayn.

Waan ka welwel qabay ishaarasidaha, dhowr jeer ayaan hadba dib laydhkii casaa u qooraansaday teer iyo intaan wadiiqadii yarayd dib u sii fuulayay. Ma lagu aammini karaa badbaadada rakaabka tareennada saaran ninkaas? Waxaan go'aansaday in aan habeen dambe la hadlo. Ma laga yaabaa in aan solansiin karo in uu dhakhtar arko?

Maaha ninkii qalwadaas ku jiri jirey

Galabtii xigtay jawigu wuu wanaagsanaa, goor hore ayaan soo kicitimey. Cadceeddu wali si buuxda godka uma gelinn kolkii aan soo gaadhay bartii aan maalintii ugu horraysay kula kulmay ishaaradsidaha. Xilli aan qalwadiisa ugu dhaadhaco way ka horraysay, dib u noqo oo waxoogaa socod ah qaado ayaan go'aansaday. Aniga oo aan ka fekerin ayaan godkii hoos u eegay. Wax dhiiggaygii baraf ka dhigay ayaan arkay. Meel ku dhow afka godka tareenka waxa taagnaa nin. Gacantiisa bidix wejigiisa ayay ku gudbanayd, tiisa midig na wuu haadinayay. Waxaan arkay inuu yahay nin dhab ah. Koox yar oo rag ah oo ka durugsan ayuu tilmaamayay. Laydhkii casaa weli ma shidmin. Judhii ba in wax dhaceen ayaan gartay, wadiiqadii ayaan degdeg ugu dhaadhacay.

Maxaan ninka halkaas ugaga tegey? Maxaan ruux uun ugu sheegi waayay?

"Maxaa dhacay?" ayaan nimankii weydiiyey.

"Mudane, Ishaaraside ayaa saaka halkan ku dhintay!"

"Maaha ninkii qalwadaas ku jiri jirey?"

"Mudane, haa!"

"Alla, maya!" Sidee ayay wax u dhaceen?" ayaan weydiiyey, anigoo hadba mid ku jeedsanaya.

"Iska eeg! Iska eeg!

"Mudanow, tareen baa jiidhey! Ma jirin nin Iglan ku nool oo shaqadiisa kaga fiicnaa hadda na wuxuun baa sababay inuu xadiidka is dhextaago iyadoo tareenkii godka ka soo baxayo."

"Dareewalka ayaa sidii ay wax u dhaceen na tusayay. Tom, bal tusi, ninka odayga ah, siday wax u dhaceen."

Nin xidhan dhar jactadsan, ayaa dib ugu dhaqaaqay gidka afkiisa.

"Mudanow, tareenku wuxuu ka soo leexananay gooladda godka!" ayuu yidhi. "Halka ugu dambaysa ayaan ku arkay, kiiyoo siraadkiisii gacanta ku sita, hayeeshee waqti tareenka aan ku qaboojiyaa ma jirin. Waxaase arrin la yaab leh ah in hoonkii aanu maqlayn."

"Maxaad samaysay?"

"Waan u qayladhaamiyey, 'Ninka hoosta taaganow! Iska eeg! Iska eeg!"

Mudane, arrin xun bay ahayd! Marnaba qaylada ma joojinnin. Gacantayda bidix ayaan wejiga saaray si aanan indhaha u saarin. in aan u qayliyo. Si aanan isagii u arkinnin ayaan gacantaydii bidix indhahaygii saaray. Hayeeshee gacantayda midig waan u haadinayay ilaa iyo markii ugu dambaysay.

Dhammaad

THE BODY SNATCHER

Robert Louis Stevenson (Retold by Kieran McGovern)

Part 1: Doctor MacFarlane

Every night three of us sat in the small bar of The George Inn: the landlord, an old

drunken Scotsman called Fettes and myself. Whatever the weather, we three were always there.

Fettes was obviously an educated man; a wealthy one too, since he did not work. He

came to our town years ago, while he was still young, and had lived there ever since.

On his nightly visits to The George he always sat with a glass of rum in his right hand, drunk and unhappy. We called Fettes 'the Doctor', because people said he had some special knowledge of medicine.

Occasionally he set a broken bone for someone or advised on an illness. Beyond this we knew nothing about his character or background.

A visitor

One dark winter night there was a sick man in the George. A wealthy local landowner had suddenly become ill that afternoon. The landlord had made the great man comfortable, and telegraphed his still greater London doctor to his bedside.

The landlord came down to the bar some time after nine. 'Dr MacFarlane has arrived,' he announced.

Fettes stared stupidly around him. When he heard the name, 'MacFarlane', he seemed to awaken. He repeated it twice, quietly the first time, but then with sudden passion.

'Yes,' said the landlord, 'that's his name. Doctor Wolfe MacFarlane.'

It cannot be the same man Fettes became instantly sober. His eyes awoke, and his voice became clear and loud. We were all startled by the change in him.

MEYD DHUFSADE

Robert Louis Stevenson (Dib-u-wariyey Kieran McGovern)
Soomaaliyeyntii Maxamed Xasan "Alto"

Qaybta 1aad: Dhakhtar MacFarlane

Baar yar oo The George la yidhaahdo ayaannu annagoo saddex ah habeen kasta isugu iman jirney: waa mulkiilaha hudheelka, oday sakhrad badnaa oo reer Scotland ah oo lagu magacaabi jirey Fettes iyo aniga. Mar walba halkaas ayaa nalaga heli jirey, jawi kasta oo cimiladu tahay.

Sida muuqatay Fettes wuxuu ahaa qof aqoon lahaa, maalqabeen ahaa, inkasta oo aanu shaqo gacanta ku haynin. Sannado hore ayuu isaga oo dhallinyaro ah degmadeenna soo degey, tan iyo maalinkaas na halkan buu ku noolyahay. Booqashooyinkiisaas habeen kasta ahaa ee uu The George ku iman jirey, wuxuu had iyo jeer fadhiisan jirey isaga oo gacantiisa midig ku haysta galaas khamri ah. Wuxuu ahaa nin goor walba cabsan oo madluunsan. Waxaannu Fettes ugu yeedhi jirney 'Dhakhtarka', waayo dadka ayaa odhan jirey aqoon gaar ah ayuu caafimaadka u leeyahay. Kolkol buu laf jabtay kabi jirey ama qof buka talo siin jirey. Wax intaas dhaafsiisan kama aannu aqoon, shakhsiyaddiisa ama noloshiisii hore.

Socoto(Booqde)

Habeen ay jiilaal qabow oo gudcur ah tahay ayaa baarkii The George nin ku bukooday. Wuxuu ahaa nin hodan ah, dhul badan leh oo galabtaas xanuun usoo dhacay. Mulkiilihii baarku wuxuu qaladii ka bi'iyay ninkii hodanka ahaa, wuxuu telegaraaf ugu diray oo halkii uu jiifay dul keenay dhakhtarkiisii caanka ahaa ee reer London.

Xilli sagaalkii fiidnimo ka yara dambaysay ayuu mulkiiliihii hoos baarka ugu soo dhaadhacay. 'Dr MacFarlane ayaa yimid,' ayuu ku dhawaaqay. Si hawtulhamagnimo ku jirto ayuu Fettes

'Did you say Wolfe MacFarlane?'

'You know him, Doctor?' I asked.

Fettes shook his head, 'It cannot be the same man,' he said. 'But I would like to see him face to face. Tell me, landlord, is he old?'

'He is not a young man,' said the landlord. 'And his hair is white. But he looks younger than you.'

Fettes slapped his hand on the table. 'He is many years older,' he said. 'It's the rum you see in my face - rum and bad conscience.'

There was a terrible pause and then a door closed loudly.

'That's the doctor,' cried the landlord. 'Quick you can catch him.'

MacFarlane

We followed Fettes out into the hall, just as Dr MacFarlane was hurrying down towards the door to the street. The two men faced each other at the bottom of the stairs.

Dr MacFarlane appeared to be a respectable gentleman. He wore expensive clothes and carried on his arm a fur overcoat. His shirt was made from the finest white linen. Both his spectacles and his watch were gold.

'Macfarlane!' said Fettes loudly.

The great doctor stopped on the fourth step. He seemed to come from a different world to that of the bald, dirty old drunk now standing in front of him.

'Toddy MacFarlane!' repeated Fettes.

The London man almost fainted. He stared for a second at the man before him. 'Fettes!' he whispered. 'It's you!'

'Yes,' said the other, 'it's me! Did you think I was dead too?'

'No, no!' cried the doctor. 'I am delighted to see you but for now we can only say hello and goodbye. Unfortunately, my carriage is waiting and I must catch the train. But give me your address and you shall hear from me soon. We must do something for you, Fettes. I fear that your financial circumstances are difficult.'

'Have you seen it again?'

'Money!' cried Fettes. 'Money from you! The money that I had from you is still lying

where I threw it in the rain.'

A horrible, ugly look appeared on Dr MacFarlane's face. 'My dear fellow,' he said. 'I

hareerihiisii eegay. Wuxuu u muuqday sidii qof soo baraarugay kolkii uu magaca 'MacFarlane' maqlay. Laba jeer ayuu magaca ku celceliyey, kolkii hore si xasillan, kaddib na si xamaasad leh.

"Haa," ayuu mulkiilihii yidhi, "magaciisu kaas weeye. Dr Wolfe MacFarlane."

Ninkuba maaha kii aannu garanaynay ee Fettes ahaa durbadiiba saaxi buu noqday oo lagama dareemaynin wax sakhrad ah. Toose indhihiisii, codkiisiina fasiix si wacan loo maqli karo ayuu noqday. Afkalaqaad baa dhammaantayo nagu dhacay kolkii aannu aragnay is-beddelka Fettes ku yimid.

"Ma waxaad tidhi Wolfe MacFarlane?"

"Dhakhtarow, miyaad garanaysaa?" ayaan weydiiyey.

Fettes madaxa ayuu lulay, "U maleeyn maayo in uu noqon karo isla ninkii aan garan jirey," ayuu yidhi. "Waxaanse jeclaan lahaa in aan fool ka fool u arko. Mulkiilow, ii sheeg, ma nin da' weyn baa?"

"Nin yar maaha," ayuu mulkiilihii yidhi. "Timihiisuna waa xoosh cad. Hayeeshee wuxuu u muuqdaa in uu kaa dhallinyar yahay."

Fettes miiskii ayuu dharbaaxo kaga soo gooyay. "Sannado badan ayuu iga weynyahay," ayuu yidhi. "Khamri weeye waxaad wejigayga ka aragtaan – khamri iyo weeye damiir xumo."

Muddo gaaban oo salsalan ayaa la kala aammusnaa, dabadeedna waxaa baxday shanqadh albaab xidhmay.

"Dhakhtarkii waa kaas," mulkiilihii ayaa kor u dhawaaqay. "Dhaqso waad gaadhi kartaa."

MacFarlane

Halkii aannu joognay baannu ka dhaqaaqnay oo Fettes sii dabagalnay oo hoolkii dhex tagnay. Isla goortiina Dr MacFarlane ayaa kaabadda si degdeg ah uga soo dhaadhacayay oo u sii cararayay dhanka dibedda. Kaabadda hoosteeda ayay labadii indhaha isku dhufteen.

Dr MacFarlane wuxuu u muuqday nin muxtarim ah. Wuxuu xidhnaa dhar qaali ah, wuxuu gacanta u saarnayd jubbad dhogor ka samaysan. Kataanta cadcad ee ugu wacan ayaa shaadhkiisa laga sameeyey. Xoqadihiisa iyo saacaddu dahab ayay ka sameeysnaayeen.

"MacFarlane!" ayuu Fettes dhawaaq dheer ugu yeedhey.

did not mean to offend you. I will leave you my address - '

'I do not want it,' interrupted the other. 'I heard your name and feared it might be you.'

For a moment there was a dangerous look behind the gold spectacles. Then the doctor became aware that we were all watching him.

He moved quickly for the door to the street. As he was passing, Fettes clutched him by the arm and whispered, 'Have you seen it again?'

The great London doctor cried out aloud. With his hands over his head, he ran out of the door, dropping his spectacles.

The next moment the carriage moved off towards the station. The fine gold spectacles were left broken on the road.

'God protect us, Mr Fettes,' said the landlord. 'What was all that about?'

Fettes turned towards us. 'You don't know how dangerous that man MacFarlane is!' he said. 'What I am going to tell you must never leave this room.'

Part 2: Working for Mr K

When he was a young man Fettes studied medicine in Edinburgh. He did not work very hard, but his teachers picked him out as a talented student.

They saw that he listened closely and remembered well. It appears he was also - and this seemed strange to me - a handsome young fellow.

There was, at that time, a man who came from outside the university to teach anatomy. Mr K, as I shall call him, was a popular teacher with the students. He liked to live well, enjoying good food, expensive clothes and clever conversation.

Mr K also liked intelligent and obedient students. Fettes quickly became one of his favourites.

In his second year, Fettes became the second assistant in Mr K's class. It was his job to supply, receive, and dissect the bodies used in Anatomy classes. Mr K arranged accommodation for him in the same building as the dissecting rooms to help carry out this work.

Dhakhtarkii caanka ahaa kolkii uu tallaabadiisii afraad qaaday ayuu joogsaday. Wuxuu u ekaa qof ka yimid duni kale kolka loo eego kan bidaarta leh, uskagga ah, gabowsan ee sakhraansanka ah ee imminka hortiisa taagan.

"Toddy MacFarlane!" ayuu Fettes kol labaad ku celiyey.

Ninkii reer London wuxuu ku sigtey in uu miyirbeelo. Ilbiriqsi ayuu jeedaalinayay ninka hortiisa taagan.

"Fettes!" ayuu ku nuunaasay. "Waa ku adigii!"

"Haa," ayuu yidhi. "Anigii weeye! Ma waxaad filaysay in aan aniguna dhintay?"

"Maya, maya!" ayuu cod dheer dhakhtarkii ku yidhi. "Waan ku faraxsanahay in aan ku arko, hayeeshee waxa qudh ah oo aynu imminka is odhan karno waa, 'bariido iyo nabadgelyo'. Nasiibdarro, gaadiidkii baa ii taagan, waa in aan tareenka ka gaadho. Waxaadse i siisaa cinwaankaaga, degdeg ayaad war iiga heli doontaa. Fettes, waa in aan wuxuun kuu qabannaa. Hayntaadu in aanay fiicnayn ayaan ka baqayaa."

"Miyaad dib dambe u aragtay?"

"Lacag!" Fettes ayaa kor u qayliyay. "Lacag adiga kaa timaadda! Lacagtii aan horey kaaga qaatay waxay daadsan tahay halkii aan ku xooray, roobka dhexdiisa."

Muuqaal foolxun oo naxdin leh ayaa wejiga Dr MacFarlane ka muuqday. "Saaxiibkaygii qaaliga ahaayow!' ayuu yidhi. "Kama aanan wadin in aan ku aflagaaddeeyo. Cinwaankayga ayaan kaaga tegayaa –"

"Cinwaankaagana dooni maayo," Wuxuu ka kala gooyay hadalkii. "Magacaaga ayaan maqlay oo ka baqay in aad adigii tahay."

Dhugasho halis ah ayaa muddo kooban xoqadaha dahabka ka samaysan gadaashooda ka muuqatay. Dabadeed dhakhtarkii wuxuu dareemey in dhammaantayo aannu isagii wada daawanaynno.

Wuxuu durbadiiba boobay kadinkii debedda. Dhaafistii uu gudbayay ayaa Fettes gacanta iska laadlaadshay oo hoos ula xanshashaqay, "Miyaad dib dambe u aragtay?"

We pay the price

Every morning, in the early hours before dawn, a special signal called Fettes out of his bed to open a side entrance. The two men he showed into the dissecting room looked like criminals. Their names are now infamous throughout the land.

Fettes accepted their deliveries and paid them for their 'goods'. Then he returned to bed for a couple of hours sleep before his first class.

The supply of corpses was a continual problem in that large and busy class. Mr K asked no questions in his dealings with the trade. 'They bring the body, and we pay the price,' he used to tell his two assistants. 'Ask no questions.'

So Fettes did not ask questions about the freshness of the bodies that were delivered before dawn. Though his doubts grew stronger, he did his work. He turned his eyes away from any evidence of crime.

Dead

Then one cold, frosty November morning the men arrived later than usual. They seemed nervous and even more than usually anxious to leave quickly. Fettes, who had been awake all night with a toothache, showed them into the dissecting room.

Sick with sleep, Fettes leaned against a wall while they took the body from the sack. He had to wake himself to find the men their money. As he did so, he saw the dead face. Startled, he took two steps nearer, and held his candle above the body.

'My God!' he cried. 'That is Jane Galbraith!'

The men did not answer, but they moved nearer the door.

'I know her, I tell you,' Fettes continued. 'She was alive and well yesterday.'

'Sir, you are completely mistaken,' said one of the men.

But the other looked Fettes in the eyes. 'Give us the money!' he demanded. Terrified, Fettes counted out the money. The moment his visitors departed he looked at the body again. It was Jane Galbraith! And she had been the victim of a violent attack.

What to do?

In great distress, the young student ran upstairs and locked himself in his room. What was he to do? Mr K had warned him

Dhakhtarkii caanka ahaa ee reer London cabaad buu ka kacay. Isaga oo madaxa gamcaha ku haya ayuu kadinka ka booday, waxa ka dhacay xoqadihiisii. Goortii xigtey gaadiidkii uu saarnaa ayaa ula cararay dhankii istaanka tareemmada. Xoqadihii dahabka fiican ahaa oo burbursan ayaa waddada lagaga tegay.

"Mudane Fettes, Eebbe ha ina badbaadsho!" ayuu yidhi mulkiilihii. "Maxay waxan oo dhammi ahaayeen?"

Fettes dhankayagii ayuu u soo jeestey. "Ma taqaanniin sida ninkaas MacFarlane uu halis u yahay!" ayuu yidhi. "Waxa aan idiin sheegi doonaa qolkan yaanay dhaafin."

Qaybta 2: U shaqayntii mudane K

Waagii uu Fettes yaraa wuxuu dhakhtarnimada ka bartay magaalada Edinburgh. Ma dedaal badnayn, waxa se barayaashiisu ku xusheen inuu yahay arday wax ku ool ah. Waxay ku arkeen dhugmo fiican iyo xusuus wanaagsan. Waxa kale oo iyana u muuqatay –inkasta oo ay aniga fajaciso igu noqotay- inuu qurux badnaa kolkuu yaraa.

Waxa jiray, xilligaas, nin dhiga cilmiga dhismaha jidha oo jaamacadda debeddeeda ka iman jiray. Mudane K, sida aan ku magacaabi doono, wuxuu ahaa bare ardaydu jeceshahay. Wuxuu jeclaa in uu si wacan u noolaado, cuntada ka bogto, dhar qaali ah xirto, haasaawaha na wuu ku fiicnaa. Mudane K wuxuu kale oo jeclaa ardayda garaadka badan ee dheganugul. Fettes wuxuu durbadiiba noqday mid ka mid ah kuwii uu ugu jecel yahay.

Sannadkiisii labaad, Fettes wuxuu noqday kaaliyaha labaad ee fasalka Mudane K. Hawshiisu waxay ahayd in uu keeno, guddoomo oo jarjaro meydka dadka oo lagu isticmaalayo fasallada barashada jidhka. Mudane K wuxuu Fettes qol uu seexdo uga diyaarshay isla daarta qolka jidhka dadka lagu jarjarayaa ku yaallo si shaqadan fulinteeduu ug fududaato.

Qiimaha ayaannu bixinaynnaa

Aroor kasta, waaga hortii, baaq gaar ah ayaa Fettes la soo siin jirey si uu sariirta uga soo boodo oo albaab gooni ah oo dibedda laga soo geli karo u furo. Labada nin ee uu tusay qolka lagu jarjaro

not to ask questions about the bodies; it would be dangerous to
interfere in such a serious business.

Fettes decided to await the advice of the senior class assistant: a
young doctor named Wolfe MacFarlane.

Dr MacFarlane was a great favourite among all the students. He
was very clever and an excellent sportsman. He even owned his
own horse and carriage.

Fettes and MacFarlane spent a lot of time together. When the
class was short of bodies they would go out at night in
MacFarlane's carriage. They would drive far into the country until
they found a lonely graveyard.

There they would dig up a body and take it to the dissecting
room before dawn.

Murdered

On that morning MacFarlane arrived earlier than usual. Fettes
met him on the stairs. He told him about the girl.

They went into the dissecting room. MacFarlane examined the
marks on her body.

'Yes,' he said, with a nod. 'It looks suspicious.'

'What should I do?' asked Fettes.

'Do?' repeated the other. 'Why do anything?'

'Someone else might recognise her,' said Fettes. 'She was well
known around the city.'

'Let's hope not,' said MacFarlane, 'and what if somebody does
recognise her? That
doesn't mean you did.'

'But -'

MacFarlane raised his hand to end the conversation. 'This has
been going on too long, Fettes. If you say anything, you'll get K
into terrible trouble. And what about you and I?'

'I don't understand.'

'What could we say? It's obvious that all our subjects have been
murdered.'

'MacFarlane!' cried Fettes.

'Come now! You must have suspected it yourself!'

'Suspecting is one thing -'

'And proof is another. Yes, I know. I'm as sorry as you are about
this.' MacFarlane

jidhku waxay u ekaayeen dembiilayaal. Magacyadoodu imika waddanka oo idil waa ka caan.

Fettes waa guddoomay wixii loo soo waariday lacagtiina waa bixiyey. Sariirtiisii ayuu iskaga laabtay si uu saacadaha fasalkii uga hadhsan u seexdo. Daabbulidda meydadka la keenayo fasalka weyn ee mashquulka ah waxay noqotay dhibaato joogto ah. Mudane K kama hadli jirin ganacsigan. Wuxuu labadiisii kalkaaliyayaal ku odhan jirey:"Meydka ayay keenayaan, innaguna qiimaha ayaynu bixinaynaa. Weydiin ha ka keenina"

Sidaas baanu Fettes wax uga odhan jirin meydadka darayga ah ee aroortii la keeno. Inkasta oo shakigu ku batay, shaqadiisa ayuun buu qabsan jiray. Indhaha ayuu ka qabsanayay wixii ifafaalo dembi u muuqda.

Meyd
Haddaba aroor Noofembar ahayd oo dhaxan iyo baraf leh ayaa nimankii oo xilligoodii lagu yiqiin ka soo daahay yimaaddeen. Way didsanaayeen, weli ba doonayeen inay degdeg u baxaan. Fettes oo kaar ilig hayay aan habeenkii oo dhan ka seexan ayaa u tilmaamay qolkii jarjaridda meydka. Fettes oo hurdo la liita ayaa intay meydka jawaanka ka saarayeen derbi halkan ah isku yara tiirshay. Dirqi buu hurdadii iskaga kiciyay si uu nimanka lacagtoodii u siiyo. Wuxuu indhaha ku dhuftay meydka wejigiisii. Wuu sasay, laba tallaabo ku soo dhowaaday oo siraadkii gacanta uu ku sitay meydkii dul keeney.

"Alla Eebbow!" ayuu kor ugu dhawaaqay. "Tani waa Jane Galbraith!".
Nimakii jawaab ma ayan bixinnin, xaggii albaabka ayay u tallaabsadeen oo ku dhowaadeen.

"Waxaan idiin sheegayaa, qoftan waan garanayaa," Fettes hadakiisii ayuu sii watay. "Shalayto way bedqabtay"

"Mudane waad khaldantahay" mid labadii nin ka mid ah baa yidhi.

Hayeeshee kii kale yaa Fettes indhaha ku gubey. "Na sii lacagtayada!" ayuu ka dalbaday.

Fettes oo baqay ayaa lacagtii u tiriyay. Goortii ay nimankii ka dhaqaaqeen ayuu meydkii dib u eegey. Iyadii weeye, Jane Galbraith! Waxaayna u dhimatay weerar culus oo ku dhacay.

Maxaa la sameeyaa?

tapped the body with his walking stick. 'But the best thing is for me not to recognise it. And I don't,' he added calmly. 'I think a man of the world would do the same.'

Young Fettes hesitated. Above all things he wanted to be 'a man of the world'. Finally he nodded his head.

The body of the unfortunate girl was dissected and demonstrated in class like the others. No one appeared to recognise her.

Gray

One afternoon, when his day's work was over, Fettes visited a popular tavern. He found MacFarlane sitting with a small, pale, dark stranger named Gray. Fettes quickly saw that Gray was a very unpleasant, and rather stupid fellow.

'I'm a bad fellow,' Gray remarked, 'but MacFarlane is much worse. Toddy, get your friend another drink.'

'Don't call me that name,' said MacFarlane.

Gray laughed. 'Toddy hates me,' he said. 'Oh, yes, Toddy, you do! He would like to cut me up with a knife.'

'We medical students have a better way than that,' said Fettes. 'When we dislike a dead friend, we dissect him.'

MacFarlane looked up angrily. It was obvious that he had not enjoyed the joke.

The afternoon passed. Gray invited Fettes to join them for dinner and ordered a huge meal. 'You're paying for this!' he told MacFarlane.

It was late before they separated. Gray was completely drunk; Fettes was only slightly less so.

MacFarlane said little. He did not respond to Gray's continual insults, and paid for everything. But there was a murderous look in his eyes.

A terrible package

Fettes left the other two and walked home soon after midnight. The next day MacFarlane was absent from the class. Fettes smiled to himself as he imagined Gray and MacFarlane still out drinking together.

After class he went back to look for them, trying several different taverns across the city without success. Eventually he returned to his rooms and went to bed early.

Ardaygii yaraa isaga oo diiqadaysan ayuu jaranjaradii orod kaga baxay oo qol yar sku xidhay. Muxuu sameeyaa? Mudane K wuxuu uga digay inuu meydadka su'aal ka keeno; waa halis inuu ganacsi khatar ah farageliyo.

Fettes wuxuu go'aansaday in uu dhawro talada kaaliyaha sare ee fasalka; dhakhtarka da'da yar ee Wolf MacFarlane.lagu magacaabo. Wuxuu Dr MacFarlane wuxuu ahaa qof ardaydu aad jeceshahay. Aad buu xariif u ahaa, ciyaaraha na wuu ku wanaagsanaa. Wuxuu xitaa lahaa gaadhi-faras.

Fettes iyo MacFarlane waqti badan ayay wada qaadan jireen. Kolka fasalka meydku ka yaraado gaadhi-faraska MacFarlane ayay habeenkii kaxaysan jireen. Miyiga ayay u bixi jireen ilaa ay helaan xabaalo geerigo'an ah. Intay xabaal qotaan ayay meydka ay kala soo baxaan keeni jireen qolka jidhka lagu jarjaro.

La dilyay

Aroortaas wuxuu MacFarlane yimid xilli hore oo aan looga barannin. Jaranjarada ayuu Fettes kula kulmay. Wuxuu uga warramay arrintii gabadha. Waxay wada qabteen qolkii jarjaridda meydka. MacFarlane wuxuu eeg calaamadii meydka ku yaallay. "Haa," ayuu yidhi, oo madaxa lulay. "Wuxuu u egyahay wax laga shakin karo."

"Maxaan sameeyaa?" ayuu Fettes yidhi.

"Sameeyaa?" ayuu ku celiyey. "Maxaad wax u sameynaysaa?"

"Qof kale ayaa garankara," buu Fettes yidhi. "Aad baa magaalada looga yiqiiney."

"Aynu rajayno inaanay taasi dhicin," ayuu yidhi MacFarlane, "haddiise ay dhacdo in qof uun uu iyadii garto, macnaheedu maaha in adigu waad garanaysaa"

"Hayeeshee –"

MacFarlane ayaa gacantiisii sare u qaaday si uu hadalka u soo afjaro. "Fettes muddo ayay hawshani socotay, haddii su'aal ka keento Mudane K halis baad gelinaysaa. Bal ka warran adiga iyo anigana!"

"Ma fahmin"

"Maxaynnu odhan karnaa? Way muuqataa in dadkii in hoos joogay oo dhan la laayay."

"MacFarlane!" Fettes ayaa qayliyay.

At four in the morning the familiar signal awoke him. Going down to the door, he was astonished to find MacFarlane with his carriage.

In the carriage was one of those long and terrible packages he knew so well.

'What's happened?' cried Fettes. 'Have you been out alone? How did you manage to

carry it?'

But MacFarlane silenced him. 'Help me carry this in,' he ordered. They took the body upstairs and laid it on the table. MacFarlane hesitated, 'I think you should look at the face,' he said.

Fettes stared at him in astonishment. 'Where did you find it? When? How?'

'Look at the face,' was the only answer.

Fettes looked from the young doctor to the body, and then back again. Finally, he forced himself to look at the face.

It belonged to the man they had drunk with the night before.

You must pay me

For a moment Fettes stood staring down at the floor, unable to look his friend in the

face. There were no words he could say.

MacFarlane broke the terrible silence. He came up quietly behind Fettes and laid his

hand on his shoulder. 'You must pay me,' the murderer said. 'Your accounts must be right.'

'Pay you!' Fettes cried. 'Pay you for that!'

'Yes, of course,' said MacFarlane. 'This is another case like Jane Galbraith's. Where does old K— — keep his money?'

'There,' answered Fettes, pointing to a cupboard in the corner. 'Give me the key then,' said the other, holding out his hand. 'They'll hang me.'

For a few seconds Fettes hesitated. Then he handed MacFarlane the key. Now there was no turning back.

They'll hang me!

MacFarlane breathed more easily. Opening the cupboard, he brought out the pen and ink from one compartment. Then he removed the accounts book and some money.

"Waa ku sidee! Khasab weeye in qudhaadu aad shakiday!"

"In la shakiyo waa arrin –"

"In la caddeeyana arrin kale weeye. Haa, waan ogahay. Sidaad uga xuntahay ayaan arrintan uga xumahay" Ushiisii ayuu MacFarlane meydkii ku mudmuday. "Xaggayga se waxa iigu wanaagsan in aanan garan. Mana garanayo" ayuu si deggan u yidhi. "Waxay ila tahay nin adduun sidaas buu yeeli lahaa"

Ninkii da'da yaraa ee Fettes ahaa cabbaar ayuu yara hashkadeeyey. Wax walba waxaa ugu muhiimsanaa in uu 'nin adduun' sii ahaado. Ugu dambayntii madaxa ayuu lulay.

Meydkii inanta ayaan daran waxaa lagu soo bandigey fasalkii gudahiisa oo lagu jarjaray sidii kuwii ka horreeyey oo kale. Waxay u muuqatay in aan cidina aqoonsannin.

Gray

Goor galab ah, kolkii uu shaqadii maalinnimo soo dhammaystay ayuu Fettes soo galay mukhbaarad cuntadana iibisa. Wuxuu ugu yimi MacFarlane oo la fadhiya nin jimidh yar, hore u arag oo Gray la yidhaahdo. Fettes durbadiiba wuxuu dareemey in Gray qof xun oo doqonnimo ka muuqato.

"Anigu nin xun baan ahay," ayuu Gray yidhi, "hayeeshee MacFarlane ayaa aad iiga sii xun. Toddy, orod oo saaxibbkaa cabbitaan kale u soo qabo!"

"Magacaa ha iigu yeedhin," ayuu MacFarlane yidhi.

Gray wuu qoslay. "Toddy wuu i necebyahay," ayuu yidhi. "Dee, haa, Toddy, waad i necebtahay! Wuxuu jeclaan lahaa in uu mindi igu kala googooyo."

"Haddii aannu nahay ardayda caafimaadka tu ka wanaagsan baannu naqaan," ayuu Fettes yidhi. "Saaxiib dhinta oo aannu necebnahay meydkiisa ayaannu jarjarnaa."

Si cadho ku jirto ayuu MacFarlane kor ugu eegey. Way iska muuqatay in kaftanka aanu jecleysan. Sidaas ayuu gelinkii dambe nagu dhaafay. Gray ayaa Fettes ku casuumay inuu casho, dabadeedna cunto badan dalbaday. "Tan adigaa bixinaaya!" ayuu MacFarlane ku yidhi.

Goor dambe ayay kala tageen. Gray si ba'an ayuu u sakhraansanaa; Fettes na waxba ma dhaamin. MacFarlane hadal

'Now,' he said, 'Enter the payment in your book, and we will both be safe.'

Again Fettes hesitated before writing in the accounts book. Above all he did not want to argue with MacFarlane. The older student terrified him.

'You can keep the money,' said MacFarlane. 'I've had my share already. But it's

important that you be careful. Don't buy expensive class-books, or pay off old debts. Borrow, don't lend.'

'MacFarlane,' said Fettes. 'They'll hang me for helping you.'

What have I done?

'Helping me?' cried MacFarlane. 'You are doing this in self-defence. Suppose I got into trouble? What would that mean for you? You can't begin and then stop.'

The unhappy student listened with horror. 'My God!' he cried. 'What have I done?'

'My dear fellow,' said MacFarlane. 'What a boy you are! Nothing will happen to you if

you keep your mouth shut. In life there are two groups of us - the lions and the lambs. If you're a lamb you'll end up on these tables like Gray or Jane Galbraith.'

'And if I am a lion?'

'You'll live and drive a horse like K or me. My dear fellow, you're clever and you're

brave. I like you, and K likes you. Three days from now you'll laugh at this.'

And with that MacFarlane left, leaving Fettes alone. The young man knew he was in a terrible situation. But what could he do? The secret of Jane Galbraith and the entry in the accounts book closed his mouth.

Hours passed, and the class began to arrive. The parts of Gray's body were passed out to different students. Nobody in the class noticed anything unusual.

Over the next two day Fettes slowly began to relax. Before the end of the week he was no longer frightened or troubled by his conscience.

He saw little of MacFarlane outside the class. At times they spoke a word or two, and

badani kama bixin. Kama jawaabinnin aflaggaaddooyinkii is-
dabajoogga ahaa ee Gray, kharashkii oo dhanna wuu bixiyay.
Indhihiisa se waxa ka muuqday dilaa.

Shixnad dhiillo leh

Goor saqdii dhexe ah ayuu Fettes labadii kale ka tegey oo
xaafaddiisii qabtay. Dharaartii xigtey MacFarlane fasalkii wuu
ku maqnaa. Fettes baa isla qoslay isaga ku fekeraya in Gray iyo
MacFarlane ay weli dibedda ku wada cabbayaan. Xiisadihii
kolkay dhammaadeen ayuu labadii nin baadidoonay,
mukhbaarado badan ayuu ka baadhay ma se helin. Qolkiisii intuu
iskaga noqday ayuu hurdo iska galay. Afartii aroornimo ayuu
ku toosay baaqii dawanka ee uu yiqiinnay. Goortii uu hoos u
dhaadhacay ayuu arkay wax uu ka yaabo, waa MacFarlane iyo
gaadhi-faraskiisii.

Waxaa gaadhi-faraskii saarnaa shixnaddii dhiillada lahayd ee uu
sida wacan u garanayay in muddo ahna iska daba imanayay.
"Maxaa dhacay?" ayuu Fettes ku qayliyay. "Ma kelidaa baa
hawshan soo qabtay? Siday kuugu suurtaggashay in aad fuliso?"
MacFarlane baa isagii aammusiyey. "I caawin oo gudaha ila geli,"
buu ku amray.
Meydkii bay dusha iyo kaabadihii la fuuleen oo dul wareen
miiska dushiisa. MacFarlane baa yara shakiyay oo yidhi: "In aad
wejiga meydka eegtid ayaa ila qummanaan lahayd."
Fettes isagoo dhakafaarsan ayuu MacFarlane dhugtay. "Xaggee
baad ka soo heshey? Goorma? Sidee?"
Jawaabta qudha ee uu siiyey waxay ahayd: "Eeg wejiga!"
Fettes kolna wuxuu eegey dhakhtarkii da'da yaraa kolna meydkii,
misana kol labaad sidoo kale. Ugu dambeeyntii, wuxuu isku
khasbay in uu ka il-buuxsado wejiga meydka.
Mise waa ninkii habeen hore ay wada sakhraamayeen.

Kharashka iska bixi

In muddo ah ayuu Fettes sagxadda hoose ku dhaygagsanaa,
awoodi waayay in wejiga saaxiibkiisa uu dhugto. Erey qudha
ayaa ka soo bixi waayay. Jabaq la'aantii baqdinta ayuu
MacFarlane jebiyay. Qunyar intuu gadaal Fettes kaga yimid ayuu

MacFarlane was always friendly. But he never spoke about their common secret.

Even when Fettes whispered to him, 'I'm now with the lions!' MacFarlane smilingly put his finger to his lips.

An ideal location

Some weeks later there was an occasion that brought them together. Mr K was again short of corpses, and the students were becoming unhappy.

At the same time there came news of a burial at Glenmore, deep in the country. This

cemetery was far from the nearest village or town. It was an ideal location for the body snatchers' evil work.

Late one afternoon Fettes and MacFarlane set off for that quiet and green place. They wore heavy coats and carried a large bottle of brandy.

It rained all the way to the village of Pencuik, where they stopped at a tavern. Here they ate an excellent meal, with fine wine, in front of an open fire.

With every drink they became friendlier. Soon MacFarlane offered some gold coins to

his companion.

MacFarlane alarmed

'This is for your help the other morning,' he said.

Fettes took the money. 'I was a fool until I knew you and K,' he said. 'Now I realise that the important thing is not to be afraid.'

MacFarlane felt a little alarmed at these words. Perhaps he had taught his young

companion too well.

'Now between you and me,' Fettes continued, 'I don't want to hang. But I don't care

about God or Hell or the Devil. These things may frighten boys, but not men of the world like you and I. Here's to the memory of Gray!'

By this time it was getting late so the young men paid their bill and called for their

carriage. It was brought round to the door with both lamps shining brightly.

gacmihiisii garbaha ka saaray. "Waa inaad kharash i siisaa" ayuu dilaagii yidhi. "Wax isu geyntaadu way saxsan tahay."

"Kharash ku siiyo!". Fettes ayaa kor u qayliyey. "In aan taas kharash kugu siiyo!"

"Haa, dabcan," ayuu MacFarlane yidhi. "Waa kiis kale oo la mid ah kii Jane Galbraith. Xaggee buu odaygii K ahaa lacagta dhigtaa?"

"Halkaas," ayuu Fettes yidhi, isaga oo kabadhkii oo meel gees ah yaal u tilmaamaya.

"Haddaba furaha i sii," ayuu yidhi isagoo gacanta u soo taagaya. "Way i daldali doonaan."

Dhowr ilbiriqsi ayuu Fettes hakaday. Dabadeed MacFarlane furihii siiyay. Meel loo noqdo hadda ma jirto.

Way i daldali doonaan!

Neef ayaa MacFarlane ka soo kudday. Kolkii uu kabadhkii furay wuxuu khaanadihii mid ka mid ah kala soo baxay qalin iyo khad. Buuggii xisaabaadka iyo xoogaa lacag ah ayuu ka soo saaray. "Imminka," ayuu yidhi, "geli buugga kharashka xisaabaadka, labadeennuba waynnu badbaadi doonnaa."

Kol kale ayuu Fettes hakaday inta aanu kharashkii ku qorinnin buuggii xisaabaadka. Wax kasta waxaa uga darnaa in uu MacFarlane la doodo. Ardayga ka weyn baa anfariir geliyay.

"Hayso lacagta!" ayuu MacFarlane yidhi. "Anigu qaybtaydii waa qabay. Waxaase muhim ah in aad aad u feejignaato. Ha iibsan buugaagta fasalka ee qaaliga ah, ama ha isku dayin in aad gashigii hore iska bixiso. Wax amaaho, hayeeshee adigu waxba cidna ha deyminnin."

"McFarlane!" ayuu Fettes yidhi. "Way i daldali doonaan gacanta aan ku siiyay awgeed"

Maxaan sameeyey?

"I caawisay?" ayuu MacFarlane ku qayliyay. "Waxaad ii samaysay naftaada ayaad ku difaacaysaa. Kaba soo qaad inaan mixnad galay, halkee taasi kula geli. Wax iskama bilaabi kartid, haddana iskama joojin kartid."

Ardaygii farxadlaawaha ahaa si baqdini ku jirto ayuu u dhegeystey. "Alla Eebbow!" ayuu ku cataabay. "Maxaan sameeyey?"

'Where are you going?' asked the landlord.

'Peebles,' said MacFarlane, and they drove in that direction until they were clear of the last houses of the town. Then they put out their lights and turned down the road for Glencorse.

They travelled in complete darkness, accompanied only by the sound of rain. After some miles the road narrowed and worsened, forcing them to light one of the lanterns.

Digging the Grave

Finally, they came through the trees and arrived at their gloomy destination. It was now surrounded by huge and moving shadows.

They began digging up the grave. After only twenty minutes they reached the coffin. As they did so, MacFarlane hurt his hand on a stone.

Angrily, he threw it above his head where it hit the lamp they had placed above the
grave.

The sound of breaking glass quickly died away. Soon they could only hear the
whispering of the rain and the wind. Their task was almost completed so they decided to finish it in the dark.

They pulled out the coffin and broke it open. Then they put the body into a sack and
loaded it onto the carriage. With Fettes holding the sack in place, and MacFarlane directing the horse, they drove back to the town.

Distressed

The rain was getting worse. Both men were now wet through to the skin. It was also
making the road very bad.

As the carriage bumped up and down, the sack between them fell: now on one, now on the other. This had a severe effect on their nerves.

Fettes became very distressed. He looked at the sack and to his horror it somehow
seemed larger than before. And from all over the countryside the cries of farm dogs accompanied their journey.

"Saaxiibkayga qaaliga ahow!" ayuu MacFarlane yidhi. "Sebisanidaa! Haddii aad afkaaga xidhatid, waxba kugu dhici maayaan. Laba kooxood ayaa sideedaba nolosha aadanaha ka jira – baraar iyo baabbulle libaax. Haddii aad baraar tahay, waxaad ku dambeyneysaa miisaskaas dushooda sida ku dhacday Gray ama Jane Galbraith." "Oo haddii aan libaax ahay?"

"Waad noolaan doontaa, gaadhi-faras wadan doontaa sida K ama aniga. Saaxiibkayga qaaliga ahow, waxaad tahay nin fariid ah oo geesi ah. Waan kaa helaa, oo K waa kaa helaa. Saddex casho kaddib, laga billaabo maanta, sheekadan waad ku qosli doontaa" Halkaas ayuu MacFarlane kaga tegay Fettes oo keligii ah. Fettes la wuu is ogaa in uu arrin halis ah ku jiro. Muxuuse samayn karaa? Sirtii Jane Galbraith iyo gelintii buuggii xisaabaadka la gashay ayaa afkiisii juuq u diiday.

Saacado ayaa ka soo wareegey, ardaydii baa billowday in ay fasalka yimaaddaan. Arday kala dudduwan ayaa qaybihii jidhka meydka Gray loo qaybiyey. Ardaydii fasalka qofna tuhun ma gelin. Labadii casho oo xigey Fettes welwelkii tartartiib ayuu uga sii yaraanayay. Intaan dhammaadka toddobaadka la gaadhinnin wax baqdin ah ama welwel ah damiirkiisa kuma jirin. Marar aan badnayn ayay MacFarlane fasalka dibeddiisa isku arkeen. Kolkol erey ama laba ayay is-weydaarsanayeen, MacFarlane had iyo jeer wuxuu u muujinayay saaxiibtinnimo. Marnabase ma soo hadalqaadin sirtii qarsoodiga ahayd ee labadooda ka dhexeeysey, xataa kolkol Fettes xifaaltan hoos-ka-tuur ah ku yidhaahdo: "Libaaxyadaan ku jiraa!" MacFarlane isaga oo dhoollacaddaynaya ayuu fartiisa dibnaha saari jiray.

Kob haqabtiri karta

Dhowr toddobaad kaddib waxa jirtay munaasabad lagu kulmay. Mudane K mar kale ayaa meydkii ku yaraaday, ardaydiina runtii arrinkaas kuma faraxsanayn. Isla markaas, waxaa yimi war sheegaya inuu aas ka dhici doono Glenmore meel lagu magacaabo, miyiga gudihiisa. Xabaalahani aad bay uga fogyihiin tuulada ama magaalada ugu dhow. Kob weeye ku habboon shaqada faasidka ah ee dhufsashada meydadka.

Goor dambe oo galab ah Fettes iyo MacFarlane ayaa u kicitimey bartaas deggan oo cagaarka ah. Waxay xirteen koodhadh culculus oo sii qaateen dhalo khamri ah.

A terrifying idea grew and grew in his mind. Had some change occurred in the dead body? Was this why the dogs were making that terrible noise?

Not a woman

'For God's sake,' he said, making a great effort to speak. 'We must have light!'

MacFarlane stopped the horse without replying. He got down and tried to light the

remaining lamp. The rain was still pouring down and it was not an easy task in the wet and darkness.

At last he succeeded in lighting the lamp. It was now possible for the two men to see each other. They could also see the thing they had along with them.

The shape of the body was clear in the wet sack. The shoulders, the body and the head were all distinct. And yet both men stared in disbelief at what they saw before them.

'My God!'

'That is not a woman,' said MacFarlane, in a low voice.

'It was a woman when we put her in,' whispered Fettes.

'Hold that lamp,' said the other. 'I must see her face.'

It's him!

Fettes took the lamp. MacFarlane untied the sack and pulled down the cover from the head. When the light revealed its features, a wild cry went up into the night.

The face before them had appeared in the nightmares of both young men.

'My God! It's him!'

They jumped down onto the road, knocking over the lamp. The noise of it falling and

breaking frightened the horse into running away.

It raced off towards Edinburgh, carrying with it the dead and long dissected Gray.

The End

Roob ayaa da'ayay ilaa ay ka gaadhaan tuulo Pencuik lagu magacaabo, halkaas oo mukhbaarad ku tiil ku yara hakadeen. Meeshaas oo horteeda dab uu ka shidnaa, waxay ku cuneen cunto aad u wanaagsan, kuna cabbeen khamri aad wacan.

Kolkay hadba khamriga kuu dhuftaanba saaxiibtinnimadoodii waa sii xoogaysanaysay. Durbadiiba MacFarlane wuxuu saaxiibkiis ugu deeqey qaddaadiic dahab ah.

MacFarlane yara dareemey fiigsanaan

"Tani caawinaaddaadii subaxdii dhoweeyd weeye," ayuu yidhi. Fettes qaaday lacagtii. "Caaq baan ahaa intii aanan adiga iyo K barannin," ayuu yidhi. "Imminka ayaan garwaaqsaday in shayga ugu muhiimsani yahay in aan la baqin."

MacFarlane erayadaasi waxay geliyeen didmo, laga yaabee inuu yarka aad u tacliimiyey.

"Imminka yeeyan innaga ina dhaafin," Fettes ayaa hadalkiisii sii watay, "Ma doonayo in aan taageeridda laallo. Waaq ama Cadaab ama Shayddaanka anigu muraad kama lihi igama gelinnin. Wiilasha yaryar baa ka baqa waxaas, rag adduun oo bislaaday sideenna se ma cabsi geliso. Waa xuskii Gray!"

Waa xilli dambe, biilkii ayay iska bixiyeen oo u yeerteen gaadhi-faraskoodii. Kadinka ayaa loo soo hortaagay iyada oo labadii siraad si iftiin leh ay ugu shidan yihiin.

"Halkeed ku socotaan?" ayuu mulkiilihii hudheelka weyddiiyey. "Peebles," ayuu MacFarlane yidhi, oo jahadaas afka saareen ilaa ay aqalkii magaalada ugu dambeeyay ka dhammaadeen. Siraadkii intay damiyeen ayay waddadii Glencorse ku leexdeen. Gudcur dam ah ayay ku gudeen, jabaqda dhibicda roobka oo qudh ah ayaa u baxaysay. Dhowr mayl kolkii ay socdeen waddadii ayaa soo yaraatay oo soo xumaatay, ku na kelliftay inay faynuusyadii mid shitaan.

Qufidda xabaasha

Ugu dambeeyntii dhirtii ayay soo dhex jiidheen oo soo gaadheen bartilmaameedkoodii khaatimaxumada lahaa. Imminka waxaa ku xeeran hoosas dhaqdhaqaaqaya oo lexaad leh. Qufiddii ayay bilaabeen. Labaatan daqiiqo ayay sanduuqii ku gaadheen. Kolkii ay hawshu halkaas maraysay ayaa MacFarlane gacantiisii dhagax

ku cawarantay. Cadho awgeed ayuu dhagaxii kor u maguujay, faynuuskii oo qabriga dacalkiisa yaallay ayuu jebiyay. Codkii ka yeedhay quraaraddii faynuuska ee burburtay ayaa jabaq go'day. Xanshashaqa roobka iyo dabaysha isku dhafan oo keli ah ayaa u baxay. Hawshoodii waxba ugama hadhsanayn, waxay go'aansadeen inay gudcurka ku dhammaystiraan.

Sanduuqii meydku ku jiray ayay soo dhufteen oo jebiyeen. Meydkii ayay kiish ku riteen oo gaadhi-faraskii dulsaareen. Fettes kiishkii haya, MacFarlane-na faraskii hagayo ayay dib ugu soo kooreeysteen xaggii magaalada.

Dacdarraysan

Roobkii wuu ka sii darayay. Labada ninba qoyaankii wuxuu gaadhay maqaarkooda, waddadii na way sii xumaanaysay. kolkii uu gaadhi-faraskii rableeyay, kor iyo hoos, ayuu kiishkii labada nin dhexdooda yaallay kol dhan u dhacay, kol na dhanka kale. Yaxyax baa dareenkoodii ku dhashay. Fettes diiqad baa ku abuurantay. Kiishkii ayuu dhugtay, ka ballaadhan intii hore. Socdaalkooda waxa caawa dhan ku lammaana cida iyo qaylodhaanta eyda u xeraysan beeralayda. Fekrad cabsi leh ayaa madaxiisa ku ballaadhatay. Meydkii miyuu isbeddelay? Ma taasaa eyda ka qaylisiinaysa?

Maaha haweeney

"Ilaahay ka yaab" ayuu isaga oo hadalka isku dirqiyaya yidhi, oo raacshay; "Waa inaynu siraad helnaa!" MacFarlane isaga oo aan u jawaabin ayuu faraskii joojiyey. Intuu degay ayuu isku deyay inuu faynuuskii hadhay shido. Roobkii weli wuu shubmayay, qoyaan iyo mugdi ayay ahayd, ma fududayn in faynuuska la shido. Ugu dambyantii wuu ku guulaystay. Hadda ayuun bay labadii nin is arkeen. Wixii ay siteenna wuu u muuqday. Qaabkii meydku wuxuu isku sawiray kiishkii qoyanaa. Garbaha, jidhka iyo maduxu ba si cad bay u muuqdeen. Labadii nin waxay rumaysanwaayeen waxa hortooda ka muuqda. "Eebbow!"

"Tani maaha haweeney," ayuu cod gaaban MacFarlane ku yidhi. "Haweeney bay ahayd kolkii aynu meesha ku ridnay" ayuu Fettes hoos ugu faqay.

"Bal kor u qabo siraadka!," ayaa kii kale yidhi. "Waa in aan arko wejigeeda."

Waa isagii!

Fettes siraadkii ayuu qabtay. MacFarlane kiishkii ayuu furay oo madixii feydey. Kolkii uu iftiinkii muujiyey aqoonsigii qofka, ayay qaylo cir iyo dhul is-qabsatay.

Wejiga hortooda yaallay waa mid labada nin ee dhallinyarada ahi riyadooda xun ku soo arkeen.

"Eebbow! Waa isagii!"

Gaadhi-faraskii ayay ka boodeen, siraadkiina sii jiidheen. Sawaxankii booddada iyo jebintii siraadka ayaa faraskii cabsi gelisay, orod buu isna miciinsaday, wuxuu u caymaday dhankaas Edinburgh isagoo sita meydkii Gray ee horey loo qurbay.

Dhammaad

THE MARBLE FINGER
Edith Nesbit (Retold by Kieran McGovern)

Although every word of this story is as true as, I do not expect people to believe it. There were three who took part in this: Laura and I and another man. The other man still lives. He can tell you the truth of my story.

When and Laura and I married we had little money. I used to paint in those days, and Laura used to write, but neither of us earned much. To save money, we moved to the country.

We rented a small country cottage, about two miles from a small village. It was a long, low building covered with ivy, with a lovely rose garden. We loved it.

A woman from the village, Mrs Dorman did our housework for us. She was an excellent cook and gardener. She also knew all the local stories. We loved to listen to her strange tales of 'things that walked' in the fields at night.

Happy Times

For three months we were very happy. Then one October evening, I went out to smoke my pipe with our only neighbour - a very nice young Irish doctor called Kelly.

Laura stayed at home to finish drawing for a magazine. When I came home she was lying on the window seat.

Her face was wet with tears.

'Darling, what's the matter?' I cried, taking her in my arms.

'It's Mrs Dorman!'

'What has she done?'

'She says she must go before the end of the month. She says that her niece is ill but I don't believe that is the real reason.'

'What do you mean?'

'I think someone has been telling stories about us to her.'

'Never mind,' I said. 'We can find someone else.'

FARTII MARMARKA AHAYD

Edith Nesbit (Dib-u-weriyey Kieran MacGovern)
Soomaaliyeyntii Maxamed Xasan "Alto"

Inkasta oo erey walba oo sheekadan ahi dhab yahay, mis na filimaayo in dadku rumaysto. Saddex baa sheekadan qayb ka ahaa: Laura, aniga iyo nin kale. Ninka kale weli waa noolyahay. Isaga ayaa idiin sheegi kara sheekadayda runteeda.

Markii aannu Laura isguursannay lacag yar ayaannu haysannay. Wax baan sawiri jiray, Laura na wax bay qori jirtay, midkaaya na se dakhli badani ma soo geli jirin. Si aannu wax u tashiishanno miyiga ayaannu u guurnay. Guri miyi aan weynayn ayaannu meel tuulo yar laba mayl u jirta ka kiraysannay. Wuxuu ahaa dhisme gaaban, gudub u dheer, guudkiisa xayaab daboolay oo leh beer ubax leh oo qurxoon. Waannu ka hellay.

Gabadh tuulada ka timaadda oo Marwo Dorman la odhan jiray ayaa shaqada guriga noo qaban jirtay. Karis wanaagsan beerta na shaqadeeda ku fiican ayay ahayd. Degmada sheekooyinkooda na oo dhanna way taqaannay. Waannu jeclayn dhegaysiga sheekooyinkeeda la yaabka leh ee ku saabsan 'waxyaabaha habeenkii mirta' beeraha dhexdooda.

Xilliyada farxadda

Saddex bilood farxad baannu ku jirnay. Dabadeed bisha Oktoobar, goor fiid ay tahay ayaan debedda u baxay si aan usoo qiijiyo beebkaygii, waxa aan is raacnay jaarkayaga keli ah oo ahaa dhakhtar da' yar, aad u wanaagsan, oo Ayrash ah oo Kelly la yidhaahdo. Laura aqalka ayay ku hartay si ay u dhammaystirto sawir ay majallad u samaynaysay. Kolkii aan gurigii ku soo noqday waxay ku jiiftay kursigii daaqadda. Ilmo ayaa wejigeedii qoysay.

"Gacaliso, maxaa ku heley?" ayaan ku ooyay oo gacmahaygii ku soo qaaday.

"Waa Marwo Dorman!"

'No, I don't think we can,' she said. Tears were still coming down her face. 'These village people follow each other. If one won't do a thing, the others won't either.'

'I'll speak to Mrs Dorman when she comes back,' I said to calm her. 'Perhaps she wants more money. Don't worry. Everything will be all right. Let's walk up to the church.'

Wicked men

The church was large and lonely but we loved to visit it, especially on bright nights. To get there we followed 'the cemetery walk'. This was a long path through a dark wood. It was once used to carry dead bodies to the church.

Inside the church was dark and gloomy. On each side of the aisle there was a grey marble statue of a knight.

'Mrs Dorman says that they should not be here,' Laura told me. 'She says that they were wicked men.'

'Why are there statues of them?'

'She says they bought their place in the church with stolen gold.'

Looking at their hard faces this story was easy to believe.

The church looked at its strangest that night. We sat without speaking, enjoying its beauty. Soon Laura felt better and we went back to the cottage. We were happy once again.

Mrs Dorman was there when we arrived. I immediately took her into my painting room.

'Now, Mrs Dorman,' I said. 'Why do you want to leave us?'

'I must get away before the end of the month, sir.'

'Do you have a problem with us, Mrs Dorman?'

'No, sir. You and your wife have been very kind.'

'Then why not stay?'

'I'd rather not,' she said. 'My niece is ill.'

'But your niece has been ill since we came. Can't you stay for another month?'

'No, sir. I must go by Saturday.'

'But my wife has poor health. She cannot do heavy housework. Can't you stay until next week?'

'I can come back next week. After the 31st of October.'

'Why do you not want to be here on that date. Please, Mrs Dorman, you must explain.'

"Maxay samaysay?"

"Waxay tidhi bishu inta aanay dhammaan ayay tegaysaa. Gabadh ay habaryar u tahay ayaa bukta, u se malaynmaayo in sababta dhabta ahi taas tahay."

"Maxaad ula jeeddaa?"

"Waxaan filayaa cid baa inooga sheekaysay."

"Qiimo ma laha," ayaan idhi. "Qof kale ayaynu heli."

"Maya, u malaynmaayo in aynu heli karno," ayay tidhi. Weli illin ayaa indhaheeda ka socotay. "Tuuladu way isu warrantaa, mid haddii uu ku diido, kuwa kale na iska illow."

"Kolka ay soo noqoto ayaan Marwo Dorman la hadli doonaa," ayaan ku idhi si aan u dejiyo. "Laga yaabee in ay lacag dheeraad ah doonayso. Waxba ha ka welwelin. Wax walba way hagaagi doonaan. Ina mari kiniisadda isaga lugaynee."

Rag xun

Kiniisaddu waxay ahayd mid weyn oo cidlo ah, waannu se jeclayn booqashadeeda, weli ba habeennada caddada. Waxaannu raacnay jidka xabaalaha. Waa wadiiqo dheer oo ka dhex dusta kayn mugdi ah. Meydadka kiniisadda lagu wado ayaa xilli loo isticimaali jiray in la soo mariyo.

Gudaha kiniisaddu wuxuu ahaa gudcur foolxun. Barxadda lagu tukado waxa hareeraha ka taagnaa laba timsaal oo dagaalyahan oo marmar midab dameer ah ka samaysan.

"Marwo Dorman waxay leedahay in ay halkan taagnaadaan ma ahayn," ayay Laura ii sheegtey.

"Waxay tidhi waxay ahaayeen niman xun."

"Maxaa timsaalka halkan loogu taagay?"

"Waxay tidhi dahab la soo xaday ayay siisteen in halkaas kiniisadda timsaal looga taago?" Waa sheeko la rumaysan karo kolka la eego wejiyada qallafsan ee timsaalka.

Kiniisaddu habeenkaas meel qalaalood ayay u ekayd. Annaga oo juuqla' ayaannu fadhiisannay, quruxda dhismaha ayaannu milicsanaynay. Laura way ladnaatay, gurigayagii ayaannu ku noqonnay. Farxaddayadii ayaa mar kale noo soo noqotay.

Marwo Dorman ayaa joogtay kolkii aannu nimid. Waxaan markiiba la tegey qolkaygii sawirraadda.

'Terrible things'

Mrs Dorman looked very unhappy. Finally she said,

'Many years ago there was a big house here where this cottage is now. Many terrible things happened there.'

'Tell me about them, Mrs Dorman,' I said.

'Well, sir' - she lowered her voice – 'you may have seen in the church two statues.'

'You mean the two marble knights? What about them?'

'They say that on Halloween those statues stand up together. And as the church clock strikes eleven they walk out of the church door.'

'Where do they go?'

'They climb over the graves and then walk along the Cemetery Walk.'

'But that would take them to this house.'

'That's right, sir. They come back here to their home.'

'Home?'

'They lived in the big house that was here. That's why they come home every Halloween. And if anyone meets them -'

She stopped, not wanting to say more.

'Well, what then?' I asked.

But she would not say. 'My niece is ill, sir. And I must go to her. But you must lock the door early on Halloween night.'

'Has anyone actually seen these walking statues? Who was living here last year?'

'No one, sir. The owner always goes away a month before Halloween.'

I did not tell Laura about the 'walking marble men' and not only because I knew it would upset her. I also felt a little troubled myself.

For reasons I cannot explain, I did not want to discuss the story until after Halloween.

'I am a little troubled.'

Soon I put Mrs Dorman's strange tale out of my mind. On Thursday she left us. 'Don't worry about the housework,' she told Laura. 'I can do it when I come back next week.'

Everything seemed fine on that day. And the Friday started well, too. I got up early and lit the kitchen fire. Then my wife came

"Haddaba, Marwo Dorman," ayaan idhi. "Maxaad nooga tegeysaa?"

"Mudane, waa in aan halkan ka fogaadaa inta aan bishu dhammaan!"

"Ma wax dhib ah ayaad naga tirsanaysaa, Marwo Dorman?"

"Maya, mudane. Adiga iyo xaaskaagu ba aad baa iigu naxariis badan tihiin."

"Haddaba maxaad noola joogi weydey?"

"Waxaan door bidi in aanan joogin," ayay tidhi. "Gabadh aan habaryar u ahay ayaa xanuunsanaysa."

"Teer iyo waagii aannu halkan soo degney way xanuunsanaysay. Miyaadan joogi karin bil kale oo dheeri ah?"

"Maya, mudane. Waa in aan Sabtida soo socota tago."

"Xaaskaygase caafimaadkeedu ma wanaagsana. Shaqo culus ma qaban karto. Miyaadan joogi karin toddobaadka dambe?"

"Waan soo noqon karaa toddobaadka dambe. 31ka Oktoobar wixii ka dambeeya."

"Maxay tahay sababta aadan u doonayn in aadan taariikhdaas joogin? Fadlan, Marwo Dorman, waa in aad ii fasirtaa."

Waxyaabo xunxun

Marwo Dorman qof aan faraxsanayn ayay u ekayd. Ugu dambeeyntii waxay tidhi:

"Sannado badan ka hor waxa halka gurigani yahay ahaa aqal weyn. Waxyaabo xunxun oo badan ayaa ka dhacay halkan."

"Ii sheeg, Marwo Dorman" ayaan idhi.

"Waa hagaag, mudane" Codkeedii ayay yara gaabisey. "Laga yaabee in aad kaniisadda laba timsaal ku dhex aragtay."

"Ma waxaad ujeeddaa labada dagaalyahan ee marmarka ah? Maxay yihiin baad tidhi?"

"Waxaa la sheegaa in xilliga Halawiinta timsaalladaasi wada kacaan, oo kolka saacadda kiniisaddu garaacdo kow iyo tobanka kadinka ka soo baxaan."

"Xaggee bay tagaan?"

"Qabriyada intay soo dul maraan ayay soo qaadaan Surinka Xabaalaha."

"Waxay se taasi toos u keeynaysaa aqalkan"

"Sidaas weeye, mudane. Gurigoodii ayay dib ugu soo noqdaan."

"Gurigoodii?"

down and we made breakfast together. When we finished clearing up the house became silent.

Laura seemed very happy when we went for a walk that afternoon. We came back to the house hand in hand. It was when we sat down together in the kitchen that I noticed that she was now very quiet. 'You are sad, my darling,' I said, half jokingly.

To my surprise she said, 'Yes, I think I am a little troubled. I don't think I am very well.

I have shivered three or four times since we came in. It is not cold, is it?'

'No,' I said. 'Perhaps you are unwell.'

'I don't think so,' she said.

Then after a silence she spoke suddenly. 'What a baby I am! Let's light the candles and have a nice evening together.'

So we spent a happy hour or two at the piano.

At about half past ten I always smoke my last pipe of the evening. Laura still looked ill and I did not want to make her worse with pipe smoke. 'I'll take my pipe outside,' I said.

'Let me come, too.'

'No, darling. Not tonight. You're much too tired. Go to bed - I shan't be long.'

I kissed her goodnight. As I was turning to go, she threw her arms around my neck. She held me tightly while I stroked her hair.

'Come on, darling. You're over-tired. The housework has been too much for you.'

Slowly she let me go. 'We've been very happy today, Jack, haven't we? Don't stay out too long.' 'I won't, my love.'

'What a night it was!'

I walked out of the front door, leaving it unlocked. What a night it was! Above me dark heavy clouds moved across the sky. Behind them the full moon shone brightly.

The night was silent. There was no sound of rabbits or half-asleep birds. Across the woods I could see the church in the distance. I thought about our months of happiness.

Footsteps

The church clock struck. Eleven already!

I turned to go in but the night was too lovely. I could not go to our warm rooms yet. I looked in through the low window as I

"Guri weyn oo halkan ka dhisnaa ayay ku noolaan jireen. Sababtaasna weeye midda keentey in Halawiin kasta ay guriga u yimaaddaan. Haddii ay dhacdana in cidi la kulanto –"

Way joojisey, iyada oo aan doonayn in ay wax ku darto.

"Haye, dabadeed na?" ayaan weydiiyey.

Hayeeshee ii sheegi diidday. "Gabadhaan habaryarta u ahaa ayaa xanuunsanaysa, mudanow. Waa in aan u tago. Hayeeshee, habeenka Halawiinta horey albaabka u xidha."

"Miyey cidi aragtay timsaalladan soconaya? Yaa halkan sannadkii hore ku noolaa?"

"Cidi kuma noolayn, mudane. Had iyo jeer mulkiilaha aqalku bil ka hor inta aan Halawiinta la gaadhin buu ka tegi jirey."

Laura uma sheegin 'timsaalka marmarka ah ee soconaya', ma doonayn in aan cabsi geliyo, anigu laftaydu na waa ba werweray. Sababo aanan garan karin ayaan u doorbiday in aanan sheekada ka hadlin Halawiinta horteed.

'Waan yara dhibaataysanahay'

Markii ba sheekadii Marwo Dorman ee yaabka lahayd maankayga waan ka saaray. Khamiistii ayay naga tagtay."Shaqada guriga waxba ha ka welwelin," ayay Laura ku tidhi. "Toddobaadka dambe goorta aan soo noqdo qaban doonaa."

Maalintaas wax kasta caadi bay u muuqdeen. Sidoo kale Jimcihii si wacan ayuu u billaabmay. Aroortii hore ayaan toosay oo shiday dabkii madbakha. Dabadeed xaaskaygii ayaa igu soo biirtey oo quraacdii ayaannu wada samaysannay. Kolkii aannu hawshii dhammaysannay aqalkii wuxuu noqday jabaqla'. Galabtii kol aannu socod jimicsi ah u baxnay Laura way faraxsanayd. Annaga oo gamcaha is haysanna ayaannu gurigii ku soo noqonnay.

Waa kolkii aannu madbakha wada fadhiisannay markaan dareemey in ay hadalkii yaraysay.

Aniga oo ku kaftamaya ayaa ku idhi: "Gacaliso, waad murugaysantahay" si kaftan hoosaad ah ayaan ku idhi. Filan waa ayay igu noqotay kolkii ay tidhi:"Haa, waxaan u malaynayaa in wax i hayaan. Ma wacni. Saddex ama afar jeer baan baan qadhqadhay intii aynu aqalka ku soo noqonnay. Dhaxani ma jirto, sow maaha?"

went. Laura was half lying on her chair by the fire. I could not see her face but she seemed to be asleep.

I walked away from the cottage and then slowly along the edge of the wood.

Suddenly I heard a noise. It sounded like footsteps echoing mine. I stopped and listened. The noise stopped too.

I went on and again heard the sound of steps. Someone else was in the woods - a wood thief, perhaps. I turned into the wood. Oddly, the footsteps now seemed to come from the path I had just left. An echo, perhaps?

The wood looked beautiful in the moonlight. The big trees reminded me of the columns in the church.

I turned into the Cemetery Walk. Soon I passed through the gate into the churchyard.

Reaching the stone seat where Laura and I had been earlier that afternoon, I sat down for a moment. Then I noticed that the door of the church was open.

Had we left it unlocked the other night?

Only Laura and I ever visited the church outside of Sunday.

My heart jumped

I went in and I walked up the aisle. Strangely, it was only then that I remembered – with a sudden shiver - about the walking statues. A moment later I was calm again. 'What nonsense!' I told myself. 'Don't be frightened by a silly story.'

With my hands in my pockets, I carried on walking up the aisle. I wanted to prove to Mrs Dorman that the statues slept peacefully on Halloween.

In the poor grey light eastern end of the church looked larger than usual. The columns above the statues looked larger too.

Then the moon came out and my heart jumped. The statues were no longer there.

At first I could not believe my eyes. Were they really gone? Or was I mad?

I bent down and felt with my hands. Nothing. Had someone taken them away as a joke?

I made a torch out of a newspaper I was carrying in my pocket. Lighting this torch, I held it high above my head. The yellow

"Maya," ayaan ku idhi. "Laga yaabee in aadan wacnayn."

"Filimaayo" ayay tidhi.

Cabbaar kolkii ay aammusnayd ayay mar qudh ah tidhi:"Carruursani yaa! Inoo shid shamacyada aynu caways wanaagsan qaadannee."

Saacad iyo laba farxad leh ayaannu biyaanada tumanaynay.

Tobanka iyo badhka waxaan had iyo jeer qiiqin jiray beebka fiidkaas iigu dambeeya. Laura weli qof buka ayay u ekayd, anigu na ma doonayn in beebkaygu uga sii daro.

"Beebka ayaa debedda ula baxayaa." ayaan ku idhi.

"Aan ku raaco" ayay tidhi.

"Maya gacaliso. Caawa maya. Aad baad u daallan tahay. Sariirta iska gal – ma raagayee."

Waan dhunkaday oo nabadgelyeeyey. Jeedsigii aan ka sii jeedsaday oo dhaqaaq holladay, ayay igu soo boodday oo qoorta iskaga kay duubatay. Xoog bay iigu dhegtay, timaheeda ayaan xoodaamiyay.

"Gacaliso! Xoog baad u daashay. Shaqadii gurigu ayaa kugu badatay."

Qunyar ayay ii sii deysay.

"Jack, aad baynnu maanta u faraxsanayn, sow maaha?"

Ha ku raagin debedda."

"Gacaliso, wax badan soo joogi maayo."

"Ma habeen iyo buu ahaa!"

Kadinka hore ayaan ka baxay, isaga oo furan ka tegay. Ma habeen iyo buu ahaa! Cirka daruuro madow ayaa geeddi ahaa. Guudkooda dayax buuxa ayaa nuurkiisii ka ifayay. Habeen juuqla' ayuu ahaa. Cod shimbir dheellalawsan iyo mid Bakayle toona ma baxayn. Kaynta dhexdeeda waxa ka muuqatay kiniisaddii. Bilihii aannu farxadda ku jirnay ayaan ke fekeray.

Jaqafsiga cagta

Saacaddii kiniisadda ayaa dhawaaqday. Durba kow iyo tobankii! Waxaan u holladay in aan gudaha ku noqdo, habeenkaa se mid macaan ahaa. Diyaar uma ahayn weli in aan qolalkayga diirran. Waxaan kolkii aan dhaqaaqay eegey daaqaddii gaabnayd. Laura waxay badhkeed ku dul dhacadiidday kursigeedii dabka ku dhowaa. Wejigeeda ma arkayn, qof se hurudda ayay u ekayd.

light lit up the dark columns. I could now see clearly that the statues were gone. And I was alone in the church.

Or was I?

'A trick of the light?'

Terrified, I threw down my torch and ran down the aisle. I raced through the cemetery and back through the wood.

Suddenly a figure moved out of the shadows to stand in my path. 'Get out of the way! I shouted, but the figure caught my hands. It was Dr Kelly.

'Let me go, you fool,' I shouted. 'The marble statues have gone from the church.'

The young Irish doctor laughed. 'You've been smoking that pipe too much!' he said.

'And listening to silly stories.'

'I tell you I've seen it with my own eyes!'

'Well, come back with me. I'm going up to old Palmer's - his daughter is ill. We can go into the church on the way.'

'Come on then,' I said, calming down. 'Perhaps you are right.'

We walked back to the church. All was silent. The place smelt very damp.

When we walked up the aisle I shut my eyes. Then, I heard Dr Kelly light a match.

'Here they are,' he said. 'You've been drinking or dreaming.'

I opened my eyes and saw the two statues. They were in their old place. I breathed deeply. 'It must have been some trick of the light,' I said. 'Or perhaps I have been working too hard. I was sure they were gone.'

The doctor was looking more closely at the statue on the right. 'There is something strange,' he said. 'This hand is broken.'

Fooled

And so it was. I was certain that it had been perfect the last time Laura and I had been there.

'Perhaps someone has tried to remove them,' said the young doctor.

'Come and have a drink at our house,' I said. 'I'm sure there's a simple explanation for this.'

Waxaan ka tegay gurigii, dabadeed qunyar lugeeyay dacalka kayntii jiqda ahayd. Sanqadh baa ii baxday. Jaqafsiga tallaabadayda ayay u cod ekayd. Waan joogsaday oo dhegeystey. Sanqadhii na way joogsatay. Waan socday, sanqadhii na way bilaabantay iyana. Qof kale ayaa kaynta ku jira, tuug dhirta xada baa laga yaabaa. Waxaan u jeestay dhankii kaynta. Waxa aan ka yaabay sanqadhii waxay imika ka baxaysaa wadiiqadii aan ka imi. Codka jaantayda oo soo noqday miyaa? Laga yaabee.

Kolka dayaxii iftiinshay kayntii qurux miidhan bay noqotay. Dhirtii waaweynayd ee taxnayd waxa i xusuusiyeen kaabadihii kiniisadda. Jidkii xabaalaha ayaan ku leexday.

Markiiba waxaan ka dusay geydhkii xayndaabka kiniisadda. Kursigii dhagaxa ahaa ee aan aniga iyo Laura horraantii galabnimadii fadhinnay markaan gaadhay ayaa qadder salka yara dhigay. Waxaan dareemay in kadinka kiniisaddu uu furanyahay. Ma isagoo furan ayaannu habeenkii dhowayd ka tagnay?

Laura iyo aniga oo qudh ah ayaa maalmaha Axadaha ka baxsan kaniisadda booqda.

Wadnahaa i fugleeyay

Hore ayaan u galay. Waxa la yaab leh, kolkaas uun bay ugu soo dhaceen 'timsaalkii soconayay', waan kurbaday. Wax yar ka dib waan iska xasilay. "Waxaan jirin dheh!" ayaan naftaydii kula shawray. "Ha ka baqan sheeko baralaydaas oo kale." Gamcaha aniga oo jeebabka kula jiraa ayaan kiniisaddii dhex lugeeyay. Waxaan doonayay in aan Marwo Dorman u caddeeyo in xilliga Halawiinta timsaalladu hurdo nabad leh iskaga jiraan.

Iftiinka diciifka ah awgii gurada dhinaca bari ee kiniisaddu inay intii hore ka weyn tahay ayay u ekayd. Tiirarka ka sarreeya timsaallada ayaad iyana moodaysay inay intoodii ka weyn yihiin. Dabadeed dayaxii ayaa soo baxay, wadnaha ayaa i booday. Timsaalladii halkoodii ma joogaan. Kolkii hore indhahaygii ayaan rumaysan waayay. Ma dhab baa inay tageey? Mise waan waashay? Waan foorarsaday oo gamcaha ku deyay. Waxba. Ma cid baa kaftan u qaadatay?

Wargeys aan jeebka ku sitey ayaan shiday oo wax ku iftiinshay. Kor intaan dabkii u qaaday ayaan madaxayga la simay. Laydhkii

Dr Kelly nodded. 'I suppose it's too late to go up to Palmer's now,' he said. 'I can go in the morning.'

We walked back to the cottage. On the way, we discussed what had happened. We agreed that my eyes had fooled me.

As we walked up our garden path, I saw something that surprised me. Bright light was coming out through our open front door. The kitchen door was open, too. Had she gone out?

'Come in,' I said, and Dr Kelly followed me into the kitchen. It was full of lit candles, with at least a dozen in unusual places.

I knew that Laura lit candles at night when she was nervous. Poor child! Why had I left her?

We glanced around the room. The window was open and the wind was blowing light from the candles in one direction. Laura's chair was empty. Her handkerchief and book lay on the floor. I turned to face the window. It was only then I saw Laura.

'Oh my God!'

A marble finger

She had fallen back across the window seat. Her head hung down but was clearly facing back into the room. Her long brown hair fallen back on the carpet. Her eyes were wide open.

Had she gone to that window to watch for me? And what had come into the room behind her? What had made her turn with that look of horror on her face?

Her eyes were wide open. They saw nothing now. What had they seen last?

The doctor moved towards her, but I pushed him aside. Taking her in my eyes I cried.

'It's all right, Laura! I've got you safe, my love.'

I held her in my arms and kissed her, but I think I knew she was dead. Her hands were tightly held. In one of them she was holding something.

It was a grey marble finger.

The End

huruudka ahaa wuxuu iftiinshey dhigihii madoobaa. Imminka ayaan si wacan u arkay in timsaalladii maqan yihiin. Keli na kiniisadda waan ku ahaa. Mise ma ahayn?

Khiyaanada laydhka

Argagax, tooshkii baan dhulka ku tuuray oo dhex rooray kiniisaddii. Jidkii xabaalaha ayaan orod ku maray oo kayntii ka dhex dusay. Mar qudh ah ayaa wax muuq qof leh gudcurkii igaga soo kuday oo jidkaygii istaagay. Durbadiiba, muuq bashar u eg ayaa gudcurkii ka soo kuday si uu wadiiqadaydii iiga xidho. "Iga weeco!" ayaan ku qayliyey, mise gacmaha ayuu igu dhegey. Dr Kelly ayuu ahaa.

"I siiddaa, nacasyahow," ayaan ku qayliyey. "Timsaalladii marmarka ahaa waa ka maqan yihiin kiniisaddii."

Dhakhtarkii Ayrashka ahaa ee da'da yaraa ayaa qoslay. "Beebkaas ayaad aad u cabtay!" ayuu yidhi. "Oo sheekooyin macnodaran dhegeysanaysay."

"Waan kuu sheegayaa, aniga ayaa indhahayga ku soo arkay!"

"Waa hagaag, ina mari noqonnee. Waxaynnu booqanaynnaa odaygii Palmer ahaa – inantiisa ayaa xanuunsan. Intaannu ku sii soconno baannu kiniisadda sii dhex maraynnaa."

"Haye, ina mari," ayaan idhi, aniga oo is yar degay. "Laga yaabee in aad saxsantahay."

Kiniisaddii baannu dib ugu noqonnay. Waxay ahayd jabaqla'. Ur suyuc ah ayaa meeshu lahayd.

Kolkii aannu kiniisadda galnay indhaha ayaan xirtay. Dabadeed, waxaan maqlay kabriid uu Dr Kelly shidey.

"Waa kuwan," ayuu yidhi. "Waad cabsanayd ama waad riyoonaysay."

Indhaha ayaan kala qaaday oo arkay labadii timsaal. Bartoodii hore ayay ku dhegenaayeen. Neef weyn ayaa iga soo baxday. "Iftiinka ayaa indhahayga siray," ayaan idhi. "Ama shaqada ayaa igu badnayd. Waan hubay inay maqnaayeen."

Dhakhtarku wuxuu aad u eegeyey timsaalka midigta xiga. "Wax baa si ah," ayuu yidhi. "Gacantani waa jabantahay."

Khatalan

Oo caynkaas ayay wax u dhaceen. Waan hubay inuu bedqabay kolkii ugu dambaysey ee aniga iyo Laura aannu halkan nimid.

"Laga yaabee in qof is yidhi fuji," ayaa dhakhtarkii da'da yaraa yidhi.

"Ina keen gurigaygii cabbitaan u doonanee" ayaan idhi. "Waa fududdahay arrintan in la fasiraaye."

Dr Kelly madaxa ayuu lulay. "Waan goor dambe, ma booqan karno Palmer," ayuu yidhi. "Aroorta ayaan u tegi karaa."

Aqalkii ayaannu dib ugu soo lugaynay. Intaannu jidka soo soconnay ayaannu wixii dhacay ka wada hadalnay. Indhahayga ayaa wax kale is tusay ayaannu isku raacnay. Kolkii aannu soo qabsannay jidkii beertayada ayaan arkay wax iga yaabiyay. Kadinkii gurigayaga oo furan ayaa iftiin dhalaalayaa ka soo ifayay. Kadinkii madbakhu isna waa furnaa. Ma debedda ayay u baxday?

"Soo gal!" ayaan idhi, Dr Kelly na waa i soo dabagalay teer iyo madbakha. Shumac ayaa meel walba ka shidnaa, ugu yaraan dersin ayaa yaallay goobo aan loogu talagelin in la dhigo.

Waan ku aqiin Laura in kolka ay isku buuqsantahay shiddo shumacyo badan. Alla miskiina! Keligeed maxaan uga tagay?

Qolkii ayannu daymoonnay. Daaqad baa furnayd, dabayshu na jaho qudh ah ayay laydhka shumaca u wada afuufaysay. Kursigii Laura cidi wuu madhnaa. Buug iyo masarkeedii gacanta ayaa dhulka yaallay. Dhankii daaqadda ayaan u jeestey. Kolkaas ayaan Laura arkay. "Alla Eebbow!"

Far marmar ka samaysan

Waxay dib uga kala dhacsanayd kursigii daaqadda. Madaxeedu hoos ayuu u laallaaday, wuxuu na soo eegeyey gadaal iyo dhanka qolka gudihiisa. Timaheedii dheeraa ee dhiinka ahaa waxay u dhaceen dhinaca roogga. Indhaheedu aad bay u kala qaadnaayeen.

Ma waxay daaqadda u tagtay in ay iga daawato? Maxaa qolka soo galay oo gadaal kaga yimi? Maxaa argagaxaas wejigeeda kaga tegay? Indhaheedu xoog bay u kala qaadnaayeen. Wax ba se ma arkayaan. Maxaa aragti ugu dambaysay?

Dhakhtarkii ayaa dhankeeda u dhaqaaqay, dhinac baan se u riixey. Indhahaya intaan ku dhoweeyay ayaan iska booyay.

"Laura, dhibi ma jirto, bedqab baan kugu helay, acaylkaygiiyey!" Gacmahayga ayaan ku qabtay oo dhunkaday, waxaanse u malaynayaa in aan ogaa in ay dhimatay. Gacmaheedu way isku giijisnaayeen. Wax bay mid ka mid ah ku haysatay.

Waxay ahayd far marmar ka samaysan oo beey ah.

Dhammaad

THE SELFISH GIANT
Oscar Wilde

Every afternoon, as they were coming from school, the children used to go and play in the Giant's garden.

It was a large lovely garden, with soft green grass. Here and there over the grass stood beautiful flowers like stars, and there were twelve peach-trees that in the spring-time broke out into delicate blossoms of pink and pearl, and in the autumn bore rich fruit. The birds sat on the trees and sang so sweetly that the children used to stop their games in order to listen to them. 'How happy we are here!' they cried to each other.

One day the Giant came back. He had been to visit his friend the Cornish ogre, and had stayed with him for seven years. After the seven years were over he had said all that he had to say, for his conversation was limited, and he determined to return to his own castle. When he arrived he saw the children playing in the garden.

'What are you doing here?' he cried in a very gruff voice, and the children ran away.

'My own garden is my own garden,' said the Giant; 'any one can understand that, and I will allow nobody to play in it but myself.' So he built a high wall all round it, and put up a notice-board.

> TRESPASSERS
> WILL BE
> PROSECUTED

He was a very selfish Giant.

The poor children had now nowhere to play. They tried to play on the road, but the road was very dusty and full of hard stones, and they did not like it. They used to wander round the high wall when their lessons were over, and talk about the beautiful garden inside.

TEERRIGII DANTII MARAATAHA AHAA

Oscar Wilde

Soomaaliyeyntii Rashiid Sheekh Cabdillaahi (Rashiid Gadhweyne)

Maalin kasta gelinkeeda dambe, carruurtu marka ay ka yimaaddaan dugsiga, waxa u caado ahayd in ay tagaan oo ku dhex ciyaaraan beerta ninka teerriga ah.

Waxay ahayd beer ballaadan oo naftu jeclaysato oo leh doog jilicsan oo cagaaran. Halkan iyo halkeer ba doogga dushiisa waxaa ku yaallay ubax qurxoon oo sida xiddigaha ah; waxaa kale oo halkaa ahaa laba iyo toban geed oo barsuug ah, kuwaas oo uu waqtiga guga ka dillaaco kana biqlo ubax leh midabbad basaliga iyo midabka luuka, waqtiga dayrtana ay midho shilshilisi ka bislaadaan. Shimbiruhu waxay ku duldegayeen dhirta oo ay cod dhadhan macaan ku heesayeen, taas awgeed oo ay carruurtu na ka joogsadaan ciyaarta si ay u dhegeystaan. ' Alla maxaannu farxad ku qabnaa halkan' ayey cod dheer isugu qaylinayeen.

Maalin maalmaha ka mid ah ayuu halkan ku soo noqday teerrigii. Saaxiibkii Cornish Orge ayuu booqashadiisa ku maqnaa oo uu la joogay toddoba sannadood. Toddoba sano ka dib, markii uu yidhi wax kasta oo uu odhan lahaa, sababta oo ah la sheekaysigiisu wuu koobnaaye, ayuu go'aansaday in uu ku soo laabto qalcaddiisii. Markii uu halkaa soo gaadhay na wuxuu arkay carruurta ku dhex ciyaaraysa beertiisa.

'Maxaad meeshan ka qabanaysaan?' ayuu cod qallafsan ku qayliyey, carruurtii way kala ordeen.

'Beertu waa beertaydii, qof waliba wuu garanayaa taas, cid aan aniga ahayn na u ma oggoli in ay ku dhex ciyaarto' ayuu yidhi teerrigii.

Sidaa darteed waxa uu halkaa ka dhisay oo uu ku wareejiyey beertii gidaar dheer, wuxuu na ku qoray ereyadan ogeysiiska ah:

> *Ciddii ku soo xadgudubta*
> *Waa la maxkamadaynayaa*

'How happy we were there,' they said to each other.

Then the Spring came, and all over the country there were little blossoms and little birds. Only in the garden of the Selfish Giant it was still Winter. The birds did not care to sing in it as there were no children, and the trees forgot to blossom. Once a beautiful flower put its head out from the grass, but when it saw the notice-board it was so sorry for the children that it slipped back into the ground again, and went off to sleep. The only people who were pleased were the Snow and the Frost. 'Spring has forgotten this garden,' they cried, 'so we will live here all the year round.' The Snow covered up the grass with her great white cloak, and the Frost painted all the trees silver. Then they invited the North Wind to stay with them, and he came. He was wrapped in furs, and he roared all day about the garden, and blew the chimney-pots down. 'This is a delightful spot,' he said, 'we must ask the Hail on a visit.' So the Hail came. Every day for three hours he rattled on the roof of the castle till he broke most of the slates, and then he ran round and round the garden as fast as he could go. He was dressed in grey, and his breath was like ice.

'I cannot understand why the Spring is so late in coming,' said the Selfish Giant, as he sat at the window and looked out at his cold white garden; 'I hope there will be a change in the weather.'

But the Spring never came, nor the Summer. The Autumn gave golden fruit to every garden, but to the Giant's garden she gave none. 'He is too selfish,' she said. So it was always Winter there, and the North Wind, and the Hail, and the Frost, and the Snow danced about through the trees.

One morning the Giant was lying awake in bed when he heard some lovely music. It sounded so sweet to his ears that he thought it must be the King's musicians passing by. It was really only a little linnet singing outside his window, but it was so long since he had heard a bird sing in his garden that it seemed to him to be the most beautiful music in the world. Then the Hail stopped dancing over his head, and the North Wind ceased roaring, and a delicious perfume came to him through the open casement. 'I believe the Spring has come at last,' said the Giant; and he jumped out of bed and looked out.

Wuxuu ahaa nin dantii maraate ah.

Masaakiin, carruurtii meel ay ku ciyaaraan way waayeen. Waxay isku dayeen in ku ciyaaraan jidadka la marayo, waxayse jidadku ahaayeen kuwo boodh iyo dhagxani ka buuxdo oo ma ay jeclaysan carruurtu. Marka ay casharrada dugsigu u soo dhammaadaan ba, waxay ku dulmeeri jireen gidaarka dheer waxay na ka hadli jireen beerta wacan ee gudaha ah. ' Alla maxaynu farxad wacan halkaas ku haysanay!' ayey odhanayeen. Ka did waxaa soo galay xilligii guga oo dalkii kale oo dhan waxaa meel walba buuxiyey ubax iyo shinbiro yaryar. Waxaa keli ah oo weli jiilaal ku jirtay beertii teerriga dantii-maraataha ah. Shinbirahu ma danaynin in ay beerta dhexdeeda ka luuqeeyaan, mar haddii carruurtii ba aanay meesha joogin, dhirtii na ay illowday bixintii ubaxa. Mar buu midh ubax ahi madaxa kala soo dhex baxay cawska, markiise uu arkay ogeysiiska meesha ku qoran ayuu carruurtii u murogooday oo taas awgeed buu dhulka mar kale hoos u galay oo hurdo u gama'ay. Cidda keli ah ee faraxsanayd waxay ahayd barafka iyo qabowga daran. ' Gugii wuu illaaway beertan' ayey cod dheer ku yidhaahdeen, 'sidaas darteed halkan baynu ku noolaanaynaa sannadka oo dhan.' Barafkii go' weyn oo cad buu dusha ka saaray cawskii; dharabkii qabowgu fadhiisiyey na dhirtii buu ku aslay midabka macdanta silfarka leh. Intaa ka dibna dabayshii woqooyi ayey u baaqeen oo ay ku martiqaadeen in ay halkan soo degto, way na timid. Waxay ku duudduubnayd buste dhogor ah, maalintii oo idil na beerta dhexdeeda ayey ka xiimaysay, waxay na xoog u afuuftay oo dumisay dhuumihii qiiqsaarka jikada. 'Bartani waa meel aad u fiican' ayay tidhi, ' waa in aan roobkii dhagxanyaha lahaa booqasho ka dalbo.' Sidaas ayuu roobkaasi na ku yimid. Maalin kasta saddex saacadood ayuu saqafka qalcadda kaga qac iyo qac siiyaa, ilaa uu tarniiggii badankiisa jejebiyey; dabadeetana orod xowli dheer buu intii laxaadkiisu yahay beerta dhinac wal ba u maraa. Waxa uu ku labisnaa midab hadh iyo hoosiis ah, neeftiisu na waxa ay ahayd sida barafka.

'Waxa aan garan la'ahay waxa uu gugii la raagay ilaa hadda,' ayuu yidhi teerrigii dantii maraataha ahaa, asaga oo fadhiya daaqadda oo eegaya beertiisa caddaanka ah ee qabow;' waxaan quuddarraynayaa in cimiladu isbeddeli doonto.'

What did he see?

He saw a most wonderful sight. Through a little hole in the wall the children had crept in, and they were sitting in the branches of the trees. In every tree that he could see there was a little child. And the trees were so glad to have the children back again that they had covered themselves with blossoms, and were waving their arms gently above the children's heads. The birds were flying about and twittering with delight, and the flowers were looking up through the green grass and laughing. It was a lovely scene, only in one corner it was still Winter. It was the farthest corner of the garden, and in it was standing a little boy. He was so small that he could not reach up to the branches of the tree, and he was wandering all round it, crying bitterly. The poor tree was still quite covered with frost and snow, and the North Wind was blowing and roaring above it. 'Climb up! little boy,' said the Tree, and it bent its branches down as low as it could; but the little boy was too tiny.

And the Giant's heart melted as he looked out. 'How selfish I have been!' he said; 'now I know why the Spring would not come here. I will put that poor little boy on the top of the tree, and then I will knock down the wall, and my garden shall be the children's playground for ever and ever.' He was really very sorry for what he had done.

So he crept downstairs and opened the front door quite softly, and went out into the garden. But when the children saw him they were so frightened that they all ran away, and the garden became Winter again. Only the little boy did not run, for his eyes were so full of tears that he died not see the Giant coming. And the Giant stole up behind him and took him gently in his hand, and put him up into the tree. And the tree broke at once into blossom, and the birds came and sang on it, and the little boy stretched out his two arms and flung them round the Giant's neck, and kissed him. And the other children, when they saw that the Giant was not wicked any longer, came running back, and with them came the Spring. 'It is your garden now, little children,' said the Giant, and he took a great axe and knocked

Hayeeshee, innaba gugii ma iman, xagaagiina waa sidoo kale oo isna ma iman. Dayrtii na waxay keentay in beerihii kale dhalaan midho dahab ah, beertii teerriguse waxba dhali weydo. 'Waa dantii maraate' ayey [dayrtii] tidhi. Sidaa darteed waxay ahayd Jiilaal joogta ah iyo Dabayshii Woqooyi, Roobkii dhagxanyaale , Qabowgii iyo Barafkii oo dheel ku ciyaaraya dhirta beerta dhexdeeda ah.

Maalin buu teerrigii goor arooryo ah, asaga oo soo jeeda, ku na duljiifa sariirtiisa, wuxuu maqlay muusiq macaan. Aad buu dhegehiisa ugu macaanaa, ilaa xad uu u maleeyey in muusiq-tumayaashii Boqorku meesha marayaan. Runtiise waxay keli ah oo ay ahayd shinbir yaryaro ah oo daaqaddiisa debeddeeda ka luuqaynaysay; garo oo muddo fog baa ugu dambaysay goor uu maqlo shimbir ka cida beertiisa dhexdeeda, taas awgeed buu u la noqday muusiqii adduunka ugu quruxda weynaa. Ka dibna Roobkii Dhagxanyaale ee madaxa ka garaacayey ayaa joogsaday, Dabayl Woqooyidii ayaa xiinkii joojisay oo caraf wacan baa daaqadda uga soo galay. 'Waxaan rumaysan ahay in gugii aakhirotaankii yimid' ayuu yidhi teerrigii; markaas ayuu kor uga booday sariirtii oo debedda qoollaalliyey.

Muxuu arkay?

Waxa uu arkay muuqaalkii wax la arko ugu quruxda badnaa. Meel yar oo gidaarka ka dalooshay ayey carruurtii ka soo duseen; waxayna dusha uga baxeen oo ku dulfadhiyeen dhirta. Geed kasta oo uu jalleeco ba, waxaa dushiisa ahaa ilmo yar. Dhirtu na aad bay ugu farxsanayd in carruurtii u soo noqotay, taas darteed bay dushooda ubax saareen oo ay gacmahooda si debecsan caruurta u dulruxayeen. Hareeraha ayey shimbiruhu duulduulayeen oo ay si farxad leh cida u jiriqjiriq lahaayeen, ubuxuna kor buu eegayey asagoo madaxa kala soo baxaya cawska cagaaran waana uu qoslayey. Waxa uu kaasi ahaa muqaal aad u macaan; waxaa se jiray dacal weli jiilaal ah. Waxa uu ahaa dacalka ugu durugsan beerta, waxaa na meeshaas taagnaa wiil yar. Aad buu u yaraa oo taas awgeed buu u gaadhi kari waayey laamaha geedka, sidaas darteed asaga oo aad u ooyaya ayuu ku meeraysanayey. Geedka miskiinka ah qabowgii iyo barafkii baa daboolay, Dabayl-Woqooyidii na way ka dul gurxamaysay. 'Kor

down the wall. And when the people were gong to market at twelve o'clock they found the Giant playing with the children in the most beautiful garden they had ever seen.

All day long they played, and in the evening they came to the Giant to bid him good-bye.

'But where is your little companion?' he said: 'the boy I put into the tree.' The Giant loved him the best because he had kissed him.

'We don't know,' answered the children; 'he has gone away.'

'You must tell him to be sure and come here to-morrow,' said the Giant. But the children said that they did not know where he lived, and had never seen him before; and the Giant felt very sad.

Every afternoon, when school was over, the children came and played with the Giant. But the little boy whom the Giant loved was never seen again. The Giant was very kind to all the children, yet he longed for his first little friend, and often spoke of him. 'How I would like to see him!' he used to say.

Years went over, and the Giant grew very old and feeble. He could not play about any more, so he sat in a huge armchair, and watched the children at their games, and admired his garden. 'I have many beautiful flowers,' he said; 'but the children are the most beautiful flowers of all.'

One winter morning he looked out of his window as he was dressing. He did not hate the Winter now, for he knew that it was merely the Spring asleep, and that the flowers were resting.

Suddenly he rubbed his eyes in wonder, and looked and looked. It certainly was a marvellous sight. In the farthest corner of the garden was a tree quite covered with lovely white blossoms. Its branches were all golden, and silver fruit hung down from them, and underneath it stood the little boy he had loved.

Downstairs ran the Giant in great joy, and out into the garden. He hastened across the grass, and came near to the child. And when he came quite close his face grew red with anger, and he

soo kor yaroobow' ayuu geedkii yidhi inta uu laamahiisii hoos u
soo dhigay intii uu karoba; ha yeeshee wiilku aad buu u yaraa.
Teerrigii markii uu debedda eegay ayuu qalbigiisii dhagaxa oo
kale ahaa dhalaalay. ' Alla maxaan anaani iyo dantiimaraate
ahaa!' ayuu yidhi, 'hadda ayaan gartay sababta uu Gugii halkan
u iman waayey. Waa in aan wiilkaa yar ee miskiinka ah aan
geedka korkiisa saaraa, ka dibna dumiyaa gidaarka, beertaydu
na waxay noqonaysaa weligeed ba barxadda caruurtu ku
ciyaarto.' Aad buu runtii uga qoomamooday waxii uu falay.
Sidaas darteed sallaanka ayuu hoos u soo raacay, albaabkii hore
ee qalcada ayuu si debecsan u furay oo debedda ayuu u soo baxay,
wuxuuna yimid beerta . Markiise ay carruurtii asaga arkeen, aad
bay u saseen oo way ka yaaceen, beertiina waxay isu rogtay jiilaal.
Waxaa keli ah oo aan cararin wiilkii yaraa waayo indhihiisa ayey
ilmo buuxisay oo ma uu arkaynin teerriga soo socda. Teerrigii
inta uu gadaashiisa ku soo gabbaday ayuu si yar gacanta ugu
qaaday geedkiina saaray. Markiiba na geedkii waxa uu
dillaaciyey ubax; shimbirhiina inta ay geedkii ku soo noqdeen
ayey bilaabeen cidoodii luuqda wacnayd; wiilkii yaraa na inta
uu labadiisa gacmood kala bixiyey oo uu teerrigii luqunta iskaga
duubay ayuu dhunkaday. Carruurtii na, markii ay arkeen in aanu
teerrigu hadda iyo ka dib sharqabe ahayn, ayey ayagoo ordaya
soo noqdeen, waxaa asaguna la soo noqday gugii. 'amminka,
carruurey, beertu waa beertiinnii'' ayuu yidhi teerrigii. Ka dib
na wuxuu qaatay faash weyn oo gidaarkii buu ku dumiyey.
Maalinti, laba iyo tobanka saac, marka dadku suuqa tegayaan,
waxay la kulmayeen teerrigii oo beerta beer ugu qurux badan ee
ay weligood arkeen, dhexdeeda kula cayaaraya carruurta.
Maalintii oo dhan bay ciyaaraan, galabtii na waxay u yimaaddaan
teerriga, si ay u nabadgelyeeyaan.
' Laakiin mee saaxiibkiinnii yaraa? Wiilkii aan geedka fuushiiyey
' ayuu ku yidhi teerrigii. Aad buu teerigu u jeclaa wiilkaa, waayo
waa kii dhunkaday.
'Ma garanayno meel uu jiro; wuu tegey' bay ku jawaabeen
carruurtii.
'Waa in aydin u sheegtaan, hubaal in uu yimaaddo berrito' ayuu
yidhi teerrigii.

said, 'Who hath dared to wound thee?' For on the palms of the child's hands were the prints of two nails, and the prints of two nails were on the little feet.

'Who hath dared to wound thee?' cried the Giant; 'tell me, that I may take my big sword and slay him.'

'Nay!' answered the child; 'but these are the wounds of Love.'

'Who art thou?' said the Giant, and a strange awe fell on him, and he knelt before the little child.

And the child smiled on the Giant, and said to him, 'You let me play once in your garden, to-day you shall come with me to my garden, which is Paradise.'

And when the children ran in that afternoon, they found the Giant lying dead under the tree, all covered with white blossoms.

Ha yeeshee carruurtii waxay u sheegeen in aanay garanaynin meel uu ku nool yahay iyo in aanay weligood ba hore u arag asaga. Teerrigii aad buu taas uga murugooday..

Galab kasta marka waxbarashada dugsigu dhammaato, waxay carruurtu u iman jirtay teerriga oo ay la ciyaari jireen. Wiilkii se yaraa ee uu teerrigu jeclaa marn lama arkin. Teerrigu wuu u wada naxariis badnaa dhammiba carruurta, haseyeeshee waxa uu aad u tebeyey saaxiibkiisii yaraa oo uu marar badan hadalhayn jirey. 'Alla jecliyaa in aan mar uun arko!' ayuu odhan jirey.

Sannado badan baa sidaa ku soo maray oo teerrigii aad buu u gaboobay oo u diciifay. Ciyaartii na wuu gabay karti darro darteed, sidaas awgeed wuxuu iska fadhiisan jirey kursi weyn, halkaas ayaana uu ka daawan jirey ciyaarta carruurta beertiisa na la ashqaraari jirey.

'Waxa aan haystaa ubax faro badan oo qurxoon; Carruurta ayaa se ah ubaxa giddi ugu quruxda badan'.

Xilliga oo jiilaal ah, ayuu goor subax ah, asaga oo labbisanaya daaqadda debbedda ka eegay. hadda jiilaalka ma uu necbayn, waayo waxaa u gartay in uu yahay keli ah hurdada jiilaalka, goortaas oo uu ubaxu na nasanayo.

Mar uun buu si kediso ah, asaga oo yaabban, indhaha u marmartay oo uu u dhugtay oo u dhugtay. Waa muuqaal ashqaraar leh. Dacalka u shisheeya ee beerta waxa ah hal geed uu qariyey ubax caddaan ah oo nafta muraaqo gelinaya. Laamahiisa waxaa ka laallaaday midho mid dahab iyo lacag ah leh, hoostiisa na waxaa taagnaa wiilkii yaraa ee uu jeclaa.

Teerrigii farxad buu sallaanka hoos u rooray oo uu xagga beerta isku sii daayey. Cawska ayuu degdeg u sii dhex maray oo wiilkii yaraa buu u soo dhawaaday. Markii uu wejigiisa dulyimid cadho ayuu wejigu la casaaday,' Waa ayo cidda ku dhici kartay in dhaawacan kuu geysato?' [ayuu yidhi teerrigii], waxa uu sidaa u yidhi baabbacooyinka gacmaha wiilka waxaa ku yaallay raad laba ciddiyood, isla raadka labada ciddiyood baa qoobkiisa yar na ahaa. 'Yaa ku dhacaa yeeshay ee ku dhaawacay?' ayuu teerrigii cod dheer ku yidhi;' ' ii sheeg, aan seeftayda weyn qoorta kaga jaree.' 'Maya!' buu ku jawaabay wiilkii:' Ma ahee, kuwani waa nabarrada jacaylka.'

'Adigu maxaad tahay?' buu yidhi teerrigii; mise waxaa markaaba ku timid xaalad isugu jirta ka haybaysi iyo cabsi, markaas ayuu wiilka hortiisa labada law dhulka dhigay.

Wiilkii inta uu teerrigii u muunsooday ayuu ku yidhi, ' waa adigii mar hore ii oggolaaday in aan beertaada ku dhex ciyaaro, maanta aniga ayaad ii raaci beertayda oo jannada ah'.

Galabtii na, markii ay carruurtii orod ku soo galeen beerta, waxay meeshii ka heleen teerrigii oo meyd ahaan, hoos yaalla geed uu ubax caddaan ahi dulbuuxiyey.

THE HAPPY PRINCE
Oscar Wilde

High above the city, on a tall column, stood the statue of the Happy Prince. He was gilded all over with thin leaves of fine gold, for eyes he had two bright sapphires, and a large red ruby glowed on his sword-hilt.

He was very much admired indeed.'He is as beautiful as a weathercock,' remarked one of the Town Councillors who wished to gain a reputation for having artistic taste; 'only not quite so useful,' he added, fearing lest people should think him unpractical, which he really was not.

'Why can't you be like the Happy Prince?' asked a sensible mother of her little boy who was crying for the moon. 'The Happy Prince never dreams of crying for anything.'

'I am glad there is some one in the world who is quite happy', muttered a disappointed man as he gazed at the wonderful statue.

'He looks just like an angel,' said the Charity Children as they came out of the cathedral in their bright scarlet cloaks, and their clean white pinafores.

'How do you know?' said the Mathematical Master, 'you have never seen one.'

'Ah! but we have, in our dreams,' answered the children; and the Mathematical Master frowned and looked very severe, for he did not approve of children dreaming.

One night there flew over the city a little Swallow. His friends had gone away to Egypt six weeks before, but he had stayed behind, for he was in love with the most beautiful Reed. He had met her early in the spring as he was flying down the river after a big yellow moth, and had been so attracted by her slender waist that he had stopped to talk to her.

AMIIRKII FARXADDA KU JIRAY

Oscar Wilde

W. T. Rashiid Sheekh Cabdillaahi "Gadhweyne"

Meel sare oo magaalda dusheeda ah ayaa waxa ahaa tiirka uu dul saaran yahay timsaalka Amiirkii faraxsanaa. Waxaa guudkiisa dhammaan lagu shubay xaleeb dahab soocan ah. Halkii indhaha waxaa ugu jiray laba ah macdanta safaayerka oo midab buluuki ah leh, daabka seeftiisana macdanta rubiga ayaa ka walac leh.

Waxa uu ahaa runtii ku cid walba aad u cajebiya. ' Waa uu qurxoon yahay, waxa uu u qurxoon yahay tabta diigga lagu qiyaaso jahada ay dabayshu u socoto,' sidaa ayuu yidhi nin ka mid ah Golaha Magaalada oo rabay in uu isu muujiyo oo uu ku caan noqdo nin fanka dhadhansi u leh; 'ha yeeshee faa'iido la sheego ma laha' , ayuu raaciyey, asaga oo cabsi ka qaba in dadku u qaato in aanu ahayn nin xagga waxqabadka u heellan, taasoo aanu runtii ahayn.

'Maxaad u noqon weydey sida Amiirka mar walba farxsan?' ayey hooyo caqli badani ku tidhi cunuggeedii u ooyayey dayaxa. ' Amiirku weligii ku ma riyoodo in uu waxna ba u ooyo'.

'Waxaan ku faraxsan ahay in uu adduunka ka jiro hal qof oo qalbigiisu faraxsan yahay'. Waxaa sidaas yidhi nin niyad-jabsanaa oo si aad ah u eegayey timsaalkan qaayoha weyn leh.

'Waxa uu dhab ahaan u muuqaal eg yahay malaa'iig,' ayey yidhaahdeen caruurtii dugsiga sadaqadda wax ku baranaysay, markii ay ka soo baxeen Kaniisada kaatedraa'iyada, ayagoo gashan koorar dhaadheer oo casaan aada ah iyo maro guudsaar ah oo nadiif ah.

'Sideed baad taas ku garanaysaan?' ayuu yidhi barihii xisaabtu, 'weligiin ma aydaan arag malaa'iige'

' Maaha! Laakiin riyoda ayaannu ku aragnay,' ayey ku jawaabeen carruurtii; ka dibna barihii xisaabtu wejiga ayuu ururiyey si adagna wuu u eegay, waayo ma uu aqbalaynin riyada carruurta. Habeen habeennada ka mid ah ayuu Baalfallaadh yari soo dul-

'Shall I love you said the Swallow', who liked to come to the point at once, and the Reed made him a low bow. So he flew round and round her, touching the water with his wings, and making silver ripples. This was his courtship, and it lasted all through the summer.

< 2 >

'It is a ridiculous attachment,' twittered the other Swallows, 'she has no money, and far too many relations;' and indeed the river was quite full of Reeds. Then, when the autumn came, they all flew away.

After they had gone he felt lonely, and began to tire of his lady-love. 'She has no conversation,' he said, 'and I am afraid that she is a coquette, for she is always flirting with the wind.' And certainly, whenever the wind blew, the Reed made the most graceful curtsies. I admit that she is domestic,' he continued, 'but I love travelling, and my wife, consequently, should love travelling also.'

'Will you come away with me?' he said finally to her; but the Reed shook her head, she was so attached to her home.

'You have been trifling with me,' he cried, 'I am off to the Pyramids. Good-bye!' and he flew away.

All day long he flew, and at night-time he arrived at the city. 'Where shall I put up?' he said 'I hope the town has made preparations.'

Then he saw the statue on the tall column. 'I will put up there,' he cried; 'it is a fine position with plenty of fresh air.' So he alighted just between the feet of the Happy Prince.

'I have a golden bedroom,' he said softly to himself as he looked round, and he prepared to go to sleep; but just as he was putting his head under his wing, a large drop of water fell on him.'What a curious thing!' he cried, 'there is not a single cloud in the sky, the stars are quite clear and bright, and yet it is raining. The climate in the north of Europe is really dreadful. The Reed used to like the rain, but that was merely her selfishness.'

duulay magaalada. Lix toddobaad ka hor ayey saaxabbadii aadeen Masar, asagu se wuu ka hadhay sababta oo ah wuxuu jeclaaday Laan-biyood(Reed) qurux badan. Horraantii gu'ga, mar uu dul-duulaayey webiga asaga oo eryanaaya jirriqaa cowlan oo weyn, ayaa waxa soo jiitay dhexdeeda dhuuban , taasoo uu dabadeed istaagay si uu u la hadlo.

'Ma ku jeclaadaa?' ayuu yidhi Baalfallaadhkii oo markii ba sangaabta hadalka ka qabsaday. Laantii na madaxa ayey aad hoos ugu gundhisay. Sidaas darteed buu hoos u duulay oo uu ku dul-meeray oo ku dul-meeray, oo uu baalasha biyaha taabsiiyey oo uu garaaro midabka sifarka leh ka kiciyey. Xodxodashadiisa ayey taasi ahayd, waxayna socotay xagaagii oo dhan.

'Xidhiidhkani waa wax la la yaabo' ayey ku fal-celiyeen Baalfallaadhyadii kale ' Bal lacag ma ay haysato, iyo xidiidho aad u faro badan oo ay leedahay;' runtiina webiga waxaa ka buuxay dhirtaa *laan-biyoodka* ah. Ka dib markii ay dayrtu soo gashay ayey shimbirihii dhul fog u duuleen.

Markii ay tageen ayuu cidla' dareemay, wuxuuna bilaabay in uu ka daalo marwadaas jacaylkeeda. ' Ma hadlayso, oo waxaan ka cabsi qabaa in is-jejebinteedu tahay is-tustus, waayo waxay u qosqoslaysaa dabaysha'. Runtiina, mar kasta oo dabayl yari soo dhacdo, laamahu si aad u qurxoon ayey madaxa hoos ugu rogayeen oo salaan jilbaha la laabayeen. Hadalkiisii buu sii watay oo wuxuu yidhi' waxaan qirayaa in ay degel-ma-dhaaf tahay, anigu se waxa aan jeclahay safarka, afadaydu na, sidaas darteed, waa inay safarka jeclaataa.'

'Ma aad i raaci? ayuu ugu dambayntii ku yidhi; ha-yeeshee laan-biyooddii webiga ku qar tiillay madax ayey ka ruxday, waxay si weyn ugu xidhnayd degaankeeda.

'Waad igu ciyaayiraysay, waad i yaraysatay' ayuu cod dheer ku yidhi, 'waan tegayaa oo waxa aan aadayaa Haramyada. Nabadgelyo' ayuu yidhi oo wuu duulay.

Maalintii oo dhan buu sii duulayey, ka dibna habeennimadii ayuu soo gaadhay magaaladii. 'Xaggee baan tolow caawa u hoydaa?' ayuu yidhi 'Waxaan rajaynayaa in magaaladu qabanqaabo samaysay.'

Ka dibna waxa uu arkay timsaalka saaran kaabadda dheer.

'Halkaas baan u hoyanayaa; waa goob wacan oo hawo nadiif ahi

Then another drop fell.

'What is the use of a statue if it cannot keep the rain off?' he said; 'I must look for a good chimney-pot,' and he determined to fly away.

< 3 >

But before he had opened his wings, a third drop fell, and he looked up, and saw - Ah! what did he see?

The eyes of the Happy Prince were filled with tears, and tears were running down his golden cheeks. His face was so beautiful in the moonlight that the little Swallow was filled with pity.

'Who are you?' he said.

'I am the Happy Prince.'

'Why are you weeping then?' asked the Swallow; 'you have quite drenched me.'

'When I was alive and had a human heart,' answered the statue, 'I did not know what tears were, for I lived in the Palace of Sans-Souci where sorrow is not allowed to enter. In the daytime I played with my companions in the garden, and in the evening I led the dance in the Great Hall. Round the garden ran a very lofty wall, but I never cared to ask what lay beyond it, everything about me was so beautiful. My courtiers called me the Happy Prince, and happy indeed I was, if pleasure be happiness. So I lived, and so I died. And now that I am dead they have set me up here so high that I can see all the ugliness and all the misery of my city, and though my heart is made of lead yet I cannot choose but weep.'

'What, is he not solid gold?' said the Swallow to himself. He was too polite to make any personal remarks out loud.

'Far away,' continued the statue in a low musical voice, 'far away in a little street there is a poor house. One of the windows is open, and through it I can see a woman seated at a table. Her face is thin and worn, and she has coarse, red hands, all pricked by the needle, for she is a seamstress. She is embroidering passion-fowers on a satin gown for the loveliest of the Queen's maids-of-ka dhacayso' ayuu yidhi. Sidaas awgeed wuxuu ku degay oo uu fadhiistay barta ku beegan labada cagood ee Amiirka faraxsan dhexdooda.

'Waxa aan helay qol hurdo oo dahabi ah' ayuu naftiisa hoos ugu sheegay, asaga oo hareeraha eegaya, wuxuuna isu diyaariyey hurdo; hase ahaato ee markii uu bilaabay in uu madaxa gashado baalashiisa hoostooda, ayey bar weyn oo biyo ahi dusha kaga dhacday. 'Waa maxay la yaabkani!' ayuu kor u yidhi 'midh keli ah oo daruur ah cirku ma laha, xiddiguhuna si caddaan ah bay u muuqdaaan, hadda na roob baa da'aya. Cimilada woqooyiga Yurub runtii baqdin bay wadataa. Laan-biyooddu roobka ay u baratay ayey jeceshahay. Laakiin taasi waa danteed-maraatenimadeeda.'

Waxaa mar kale ku dhacday bar kale oo biyo ah.

'Waa maxay waxa uu timsaal tarayaa, haddii aanu roob celin Karin? Ayuu yidhi; 'waa in aan doonto meesha uu qiiqa jikada ee guryuhu ka baxo,' wuxuu na markaas ku go'aansaday in meesha ka duulo.

Ha yeeshee inta aanu baalasha la kala bixin, ayey bar saddexaad ku dhibicday, markaas ayuu kor eegay, uu na arkay- Allah! Maxaa uu arkaa?

Labada indhood ee Amiirka waxaa buuxiyey ilmo, dhabannadiisa dahabka ah na ilmo ayaa ka dareeraysay. Wejigiisa oo uu iftiinka dayaxu ifinayey aad buu u qurux badnaa, taas oo keentay Baalfallaadhkii yaraa in uu aad ugu danqado.

'Maxaad ahayd, yaa aad tahay?' Ayuu yidhi.

'Waxaan ahay Amiirkii Farxadda ku jiray'.

'Maxaad haddaa la ooyeysaa?' Ayuu Baalfallaadhkii weydiiyey; ' waa baad i qoysaye.'

Waxa uu ku jawaabay Amiirkii 'markii aan noolaa ee uu wadne aadami laabtayda ku jirey, ma aan aqoonin wax ay oohini tahay, waayo waxa aan ku noolaa qasriga Sans-Souci halkaas oo aanay soo geli karin murugo. Maalintii beerta dhexdeeda ayaan filkay la baashaali jirey, habeenkii na waxa aan hormood ka ahaa qolka dheesha muusiqa. Duddada beerta waxaa ku wareegsanaa gidaar dheer, ha yeeshee weligay ma danaynin su'aasha wax ka shisheeya gidaarka, wax kastaaba agtayda way ila qurxoonaayeen. Koox-sharafeeddaydu waxay iigu yeedhi jireen Amiirkii sareedada iyo honour to wear at the next Court-ball. In a bed in the corner of the room her little boy is lying ill. He has a fever, and is asking for oranges. His mother has nothing to give him but river water, so he is crying. Swallow, Swallow, little Swallow, will you not bring her the ruby out of my sword-hilt? My feet are fastened to this pedestal and I cannot move.'

< 4 >

'I am waited for in Egypt,' said the Swallow. 'My friends are flying up and down the Nile, and talking to the large lotus flowers. Soon they will go to sleep in the tomb of the great King. The King is there himself in his painted coffin. He is wrapped in yellow linen, and embalmed with spices. Round his neck is a chain of pale green jade, and his hands are like withered leaves.'

'Swallow, Swallow, little Swallow,' said the Prince,'will you not stay with me for one night, and be my messenger? The boy is so thirsty, and the mother so sad.

'I don't think I like boys,' answered the Swallow. 'Last summer, when I was staying on the river, there were two rude boys, the miller's sons, who were always throwing stones at me. They never hit me, of course; we swallows fly far too well for that, and besides, I come of a family famous for its agility; but still, it was a mark of disrespect.'

But the Happy Prince looked so sad that the little Swallow was sorry. 'It is very cold here,' he said 'but I will stay with you for one night, and be your messenger.'

'Thank you, little Swallow,' said the Prince.

So the Swallow picked out the great ruby from the Prince's sword, and flew away with it in his beak over the roofs of the town.

He passed by the cathedral tower, where the white marble angels were sculptured. He passed by the palace and heard the sound of dancing. A beautiful girl came out on the balcony with her lover. 'How wonderful the stars are,' he said to her,'and how wonderful is the power of love!' 'I hope my dress will be ready in time for the State-ball,' she answered; 'I have ordered passion-flowers to be embroidered on it; but the seamstresses are so lazy.'

farxadda ku jiray, runtii na waa aan ku jiray sareedadaas, haddii ay sareedadu tahay keli ah macmacaanka nolosha. Sidaas ayaan ku noolaa oo aan ku dhintay. Hadda intii aan dhintay ka dib waxay i saareen meel dheer, taas oo keentay in aan arko dhammaan foolxumooyinka iyo nolosha basanbaaska ah ee ka jirta magaalada, haddanna in kasta oo uu wadnahaygu ka samaysan yahay maaddada rasaasta, wax aan oohin ahayn ma karo.'

'Maxaa jira, miyaanu dahab gangaaman ahayn?' ayuu Baalfallaadhkii naftiisa ku yidhi. Aad buu uga xishooday in uu cod dheer ka sheego waxyaal shakhsi ah.

'Meel fog' ayuu timsaalkii oo hadalkiisii sii wataa ku yidhi cod hoose oo aad muusiq mooddo', 'meel aad u fog, jid yar oo dhuuban waxa ah guri aad u sabool ah. Daaqadaha midkood ayaa furan, daaqaddaas ayaan ka arkayaa qof haween ah oo miis fadhida. Waxaa ka muuqda weji caato ah oo daalay, waxay leedahay gacmo qolfaystay, casaaday oo irbadda mudmudday nabarro u yeeshay, sababta oo ah daabaca maryaha ayey toshaa. Ubaxa jacaylka ayey ku sharxaysaa huga sare(gown) ee xariirta ah ee ay gabadha loogu jecel yahay hablaha boqorradda u ah adeege-sharafeedyadu u xidhan doonto xafladda qoob-ka-ciyaarka ee soo socota. Sariir docda kale ee qolka taalla, waxaa dusheeda jiifa wiilkeedii yaraa oo xanuunsanaya. Waa uu qandhaysan yahay, waxaa na uu weydiinayaa hooyadii liin uu cabbo. Hooyadii na ma hayso wax ay siiso oo aan ahayn biyaha webiga, sidaas darteed wuu ooyayaa. Baalfallaadhow, Baalfallaadhow, Baalfallaadhka yarow, inta aad rubiga ka jarto daabka seeftayda maad u geysid? Labadayda lugood waxaa lagu qodbay meeshan aan ku taagnahay oo ma dhaqaaqi karee.'

'Masar baa la iga sugayaa,' ayuu yidhi Baalfallaadhkii. 'Saaxiibbaday iminka ayey kor iyo hoos u duulduulayaan webiga Niil oo ay la sheekaysanayaan ubaxa ballaadhan ee Lootaska. Mar dhow bay dhaqso u hoyanayaan oo ay seexanayaan qabriga Boqorka weyn. Boqorka laftiisu halkaas ayuu ku sugan yahay, asaga oo ku jira kafantiisa dheeha la mariyey. Waxaa lagu duubay maro hurdi ah oo lagu dhoobay geed-kulayl. Qoorta waxaa u sudhan silsilad dhagax macadanta Jeydhka ah oo leh midab cagaaran oo si hiimsehiimse uga sii muuqda; gacmahiisu na waa sidii caleen geed oo qallashay.

He passed over the river, and saw the lanterns hanging to the masts of the ships. He passed over the Ghetto, and saw the old Jews bargaining with each other, and weighing out money in copper scales. At last he came to the poor house and looked in. The boy was tossing feverishly on his bed, and the mother had fallen asleep, she was so tired. In he hopped, and laid the great ruby on the table beside the woman's thimble. Then he flew gently round the bed, fanning the boy's forehead with his wings. 'How cool I feel,' said the boy, 'I must be getting better;' and he sank into a delicious slumber.

< 5 >

Then the Swallow flew back to the Happy Prince, and told him what he had done. 'It is curious,' he remarked, 'but I feel quite warm now, although it is so cold.'

'That is because you have done a good action,' said the Prince. And the little Swallow began to think, and then he fell asleep. Thinking always made him sleepy.

When day broke he flew down to the river and had a bath.

'What a remarkable phenomenon,' said the Professor of Ornithology as he was passing over the bridge. 'A swallow in winter!' And he wrote a long letter about it to the local newspaper. Every one quoted it, it was full of so many words that they could not understand.

'To-night I go to Egypt,' said the Swallow, and he was in high spirits at the prospect. He visited all the public monuments, and sat a long time on top of the church steeple. Wherever he went the Sparrows chirruped, and said to each other, 'What a distinguished stranger!' so he enjoyed himself very much.

When the moon rose he flew back to the Happy Prince. 'Have you any commissions for Egypt?' he cried; 'I am just starting.'

'Swallow, Swallow, little Swallow,' said the Prince, 'will you not stay with me one night longer?'

'I am waited for in Egypt,' answered the Swallow. To-morrow my friends will fly up to the Second Cataract. The river-horse

'Baalfallaadhow, Baalfallaadhow, Baalfallaadhka yarow,' ayuu yidhi Amiirkii, 'maad i la joogi hal habeen, si aan ergo ahaan kuu dirsado? 'Wiilku aad buu u harraadan yahay, hooyadiina aad bay u tiiraanyoonaysaa.'

' Ku ma wado taas oo wiilashana ma jecli,' ayuu ku jawaabay Baalfallaadhkii. 'Xagaagii la soo dhaafay, mar aan ku sugnaa webiga , waxa halkaas joogay laba wiil oo uu dhalay ninka iska leh makiinadda xabuubka ridiqda, kuwaas oo edeb darraa oo dhagxan igu soo gani jirey. Dabcan i la ma ay heli karin, waayo annaga duulitaankayagu waa uu ka dheereeyaa taas, aniga na sidayda ba waxa aan ka soo jeedaa qoys lagu yaqaanno firfircooni; kollayba se tuurtuuryadu waxay ahayd astaan ixtiraan darro.'

Laakiin Amiirkii waxaa ka muuqatay murugo, taas oo uu Baalfallaadhkii yaraa ka naxay. 'Meeshani aad bay u qabow badan tahay,' ayuu yidhi, 'ha yeeshee hal habeen waan kuu joogayaa, ergo na waan kuu noqonayaa.'

Mahadsanid Baalfallaadhka yarow,' ayuu yidhi Amiirkii.

Sidaas darteed buu Baalfallaadhkii rubigii uga fujiyey seeftii Amiirka, ka dibna asaga oo afka ku sida ayuu la duulay oo uu la dulmaray guryaha magaalada saqafkooda.

Waxa uu la kormaray taawarka kaniisadda kaatedraa'iyada, meesha ay yihiin timsaallada cadcad ee "malaa'iigta" marmarka laga sameeyey. Waxa uu dushiisa ka gudbay qasriga oo ka sii maqlay codka qoob-ka-ciyaarka gudihiisa ka socda. Gabadh qurux badan oo uu la socdo wiilkii ay isjeclaayeen baa balakoonka u soo baxday. 'Wacanaa muuqa xiddiguhu, sidoo kale na wacanaa awoodda jacaylku!' ayuu yidhi wiilkii. 'Waxaan rajaynayaa in dharkii aan u xidhan lahaa xafladda dawladda ee qoobka-ciyaarku uu waqtiga habboon diyaar noqdo' ayey ku jawaabtay gabadhii; 'waxaan amray in lagu dul-daabaco ubaxa jacaylka; ha yeeshee dumarkan daabaca tolaa waa kuwo caajis ah;' ayey tidhi.

Waxa uu ka sii dul-tallaabay webigii, oo waxa uu sii arkay faynuusyada ka lusha udbaha ka dul-taagan maraakiibta. Waxa uu sii dul-maray xaafadda Yuhuudda oo waxaa uu sii arkay duqay Yuhuud ah oo wada gorgortamaya, lacagta na ku miisaamaya kefado naxaas ah. Ugu dambayntii waxa uu soo gaadhay gurigii saboolka ahaa oo uu gudihiisa eegay. Wiilkii

couches there among the bulrushes, and on a great granite throne sits the God Memnon. All night long he watches the stars, and when the morning star shines he utters one cry of joy, and then he is silent. At noon the yellow lions come down to the water's edge to drink. They have eyes like green beryls, and their roar is louder than the roar of the cataract.'

'Swallow, Swallow, little Swallow,' said the Prince,'far away across the city I see a young man in a garret. He is leaning over a desk covered with papers, and in a tumbler by his side there is a bunch of withered violets. His hair is brown and crisp, and his lips are red as a pomegranate, and he has large and dreamy eyes. He is trying to finish a play for the Director of the Theatre, but he is too cold to write any more. There is no fire in the grate, and hunger has made him faint.'

< 6 >

'I will wait with you one night longer,' said the Swallow, who really had a good heart. 'Shall I take him another ruby?'

'Alas! I have no ruby now,' said the Prince; 'my eyes are all that I have left. They are made of rare sapphires, which were brought out of India a thousand years ago. Pluck out one of them and take it to him. He will sell it to the jeweller, and buy food and firewood, and finish his play.'

'Dear Prince,' said the Swallow,'I cannot do that;' and he began to weep.

'Swallow, Swallow, little Swallow,' said the Prince, 'do as I command you.'

So the Swallow plucked out the Prince's eye, and flew away to the student's garret. It was easy enough to get in, as there was a hole in the roof. Through this he darted, and came into the room. The young man had his head buried in his hands, so he did not hear the flutter of the bird's wings, and when he looked up he found the beautiful sapphire lying on the withered violets.

'I am beginning to be appreciated,' he cried; 'this is from some great admirer. Now I can finish my play,' and he looked quite happy.

qandho ayuu sariirta dusheeda la galgalanayey, goor ay hooyadii na hurdo qalibantay, waayo aad u bay daashay. Gudihii buu hoos ugu soo degay, rubigii weynaa ee uu siday buu miiska dushiisa, ag dhigay fargashiga ay irbadda tolliinka iska xigsiiso oo halkaa yaallay. Ka dibna sariirta dusheeda ayuu si khafiif ah u duulay isaga oo wiilka fooddiisa balaasha ku babbinaya. 'Qabow badan baan dareemayaa, hubaal waan soo raysanayaa,' ayuu yidhi wiilkii; ka dib na hurdo macaan buu galay.

Markaa ka dib, Shimbirkii Baalfallaadhkii yaraa wuxuu u duulay xaggii Amiirkii faraxsanaa, wuxuu na uga warramay wixii uu falay oo dhan. 'Waa la yaabe, buu yidhi, 'hadda waxa aan dareemayaa diirrimaad, in kasta oo ay dunidu qabow tahay.' 'Sababtu waxa weeye wax wanaagsan baad samaysay' ayuu yidhi Amiirkii. Markaas ayuu Baalfallaadhkii yaraa bilaabay in uu fekero, ka dib na hurdo ayuu dhacay. Fekerku weligii ba wuu seexiyaa.

Markii waagu dillaacay, ayuu u duulay xagga webiga, si uu ugu dabbaasho. 'Waa ifafaale soo-jiidasho weyn leh' ayuu yidhi borofisoorkii cilmiga shimbiruhu, markii uu ka gudbayey biriishka webiga. 'Baalfallaadh xilli jiilaal ah halkan jooga!' Ka dibna warqad dheer buu arrinta kaga qoray wargeys halkaas ka soo baxaa. Qof waliba wuu soo xigtay, ereyo aad u badan baa ka buuxay, taas oo keentay in ay fahmi kari waayaan.

'Caawa ayaan u kacayaa Masar' ayuu yidhi Baalfallaadhkii, asaga oo naftiisu rajadaas aad ugu hanqal taagayso. Waxa uu booqday dhammaan taallooyinkii caamka ahaa, wuxuuna waqti dheer ku dulfadhiyey figta sare ee qudbadda kaniisadda. Gees kasta oo uu kaco ba waxa ka jiiqjiiq lahaa shimbiraha yaryarada oo isku lahaa 'Bal daya kan fiican ee mudhbaxay ee halkan ku ah qalaadoodka' sidaas darteed waxa uu ku jiray xaalad raaxaysi weyn u ah.

Markii dayaxu soo baxay ayuu dib ugu duulay xaggii Amiirkii Farxsanaa. ' Miyaad wax farriin ah u leedahay Masar? Ayuu kor u yidhi Baalfallaadhkii; ' hadda ayaan dhaqaaqayaaye.'

'Baalfallaadhow, Baalfallaadhow, Baalfallaadhka yarow, maad ila sii joogtid hal habeen?'

'Masar baa la iga sugayaa' ayuu ku jawaabay Baalfallaadhkii. 'Berrito ayey saaxiibbaday u duulayaan ilaa biyo-dhaca labaad. Cawska cufan ee biyaha qarkooda ka baxay ayey jeertu na

The next day the Swallow flew down to the harbour. He sat on the mast of a large vessel and watched the sailors hauling big chests out of the hold with ropes. 'Heave a-hoy!' they shouted as each chest came up. 'I am going to Egypt!' cried the Swallow, but nobody minded, and when the moon rose he flew back to the Happy Prince.

'I am come to bid you good-bye,' he cried.

'Swallow, Swallow, little Swallow,' said the Prince,'will you not stay with me one night longer?'

'It is winter,' answered the Swallow, and the chill snow will soon be here. In Egypt the sun is warm on the green palm-trees, and the crocodiles lie in the mud and look lazily about them. My companions are building a nest in the Temple of Baalbec, and the pink and white doves are watching them, and cooing to each other. Dear Prince, I must leave you, but I will never forget you, and next spring I will bring you back two beautiful jewels in place of those you have given away. The ruby shall be redder than a red rose, and the sapphire shall be as blue as the great sea.

< 7 >

'In the square below,' said the Happy Prince, 'there stands a little match-girl. She has let her matches fall in the gutter, and they are all spoiled. Her father will beat her if she does not bring home some money, and she is crying. She has no shoes or stockings, and her little head is bare. Pluck out my other eye, and give it to her, and her father will not beat her.

'I will stay with you one night longer,' said the Swallow,'but I cannot pluck out your eye. You would be quite blind then.'

'Swallow, Swallow, little Swallow,' said the Prince, 'do as I command you.'

So he plucked out the Prince's other eye, and darted down with it. He swooped past the match-girl, and slipped the jewel into the palm of her hand. 'What a lovely bit of glass,' cried the little girl; and she ran home, laughing.

Then the Swallow came back to the Prince. 'You are blind now,' he said, 'so I will stay with you always.'

dhexjiiftaa, sanamkii Memnon na wuxuu ku fadhiyaa kursigii
carshigiisa ee dhagaxa garaaniitka ka samaysnaa. Habeenkii oo
dhan wuxuu indhaha ku hayaa xiddigaha, marka ay xiddigta
waaberi soo wagac tidhaahdo ayuu farxad hal mar la qayshaa;
ka dib na shibta ayuu galaa. Hadhgadiidka ayey libaaxyada
hurdiga ahi u soo dhaadhacaan biyaha qarkooda si ay uga
cabbaan. Waxay leeyihiin indho cagaaran oo u eg macdanta
biirelka, gurxanka cidooduna ka weyn xiinka biyoha gebiga ka
dhaca.'
'Baalfallaadhow, Baalfallaadhow, Baalfallaadhka yarow,' ayuu
yidhi Amiirkii, 'meel fog oo dhinaca kale ee magaalada ah ayaan
ku arkaa nin dhallinyaro ah oo ku jira qolka dusha sare ee guriga.
Waxa uu cuskanayaa miis ay dushiisa waraaqo qariyeen, agtiisa
na ay taallo xidhmo ubax ah oo qaadhay. Midabka timahiisu waa
bunni ama madow-guduud sulub ah, dibnihiisu na waa casaan
u eg midhaha geedka rumaanka, wuxuu na leeyahay indho
waaweyn oo ah sidii wax riyo isku la maqan. Waxa uu aad ugu
hawlan yahay in uu riwaayad u dhammeeyo maamulaha
Masraxa, laakiin aad buu u dhaxamoonayaa oo taas awgeed
hawshaas ma dhammayn karo. Dab u ma shidna, gaajo na wuu
la diidsan yahay.'
'Hal habeen waan ku la sii joogi' ayuu yidhi Baalfallaadhkii, mid
qalbi wanaagsan buu ahaaye. 'Ma rubi kale ayaan asagana u
geeyaa?' ayuu yidhi.
Eebbahayow! Ma hayo rubi hadda' ayuu yidhi Amiirkii; 'waxa
qudh ah ee igu hadhay waa indhahayga safaayerka ah ee midabka
buluukiga ah leh ee laga keenay Hindiya kun sannadood ka hor.
Soo saar labadaba oo asaga u gee. Dahablaha ayuu ka iibin
doonaa, wuxuuna ku soo iibsan doonaa cunto iyo xaabo uu shito,
ka dibna riwaayadda ayuu dhammays tiri doonaaye.' Sidaas ayuu
yidhi Amiirkii.
'Amiirkii qaaliga ahaayow' ayuu yidhi Baalfallaadhkii, ' ma
samayn karo sidaas', ka dibna oohin buu bilaabay.
'Baalfallaadhow, Baalfallaadhow, Baalfallaadhka yarow,' ayuu
yidhi Amiirkii, ' sida aan ku farayo yeel.'
Sidaas darteed Baalfallaadhkii ishii buu fag ka soo siiyey oo uu
ka soo saaray Amiirkii, wuxuu na u la duulay qolka dusha sare
ee uu ardaygu ku jiro. Waa ay sahlanayd sida uu ku galaa, waayo

'No, little Swallow,' said the poor Prince, 'you must go away to Egypt.'

'I will stay with you always,' said the Swallow, and he slept at the Prince's feet.

All the next day he sat on the Prince's shoulder, and told him stories of what he had seen in strange lands. He told him of the red ibises, who stand in long rows on the banks of the Nile, and catch gold fish in their beaks; of the Sphinx, who is as old as the world itself, and lives in the desert, and knows everything; of the merchants, who walk slowly by the side of their camels, and carry amber beads in their hands; of the King of the Mountains of the Moon, who is as black as ebony, and worships a large crystal; of the great green snake that sleeps in a palm-tree, and has twenty priests to feed it with honey-cakes; and of the pygmies who sail over a big lake on large flat leaves, and are always at war with the butterflies.

< 8 >

'Dear little Swallow,' said the Prince, 'you tell me of marvellous things, but more marvellous than anything is the suffering of men and of women. There is no Mystery so great as Misery. Fly over my city, little Swallow, and tell me what you see there.'

So the Swallow flew over the great city, and saw the rich making merry in their beautiful houses, while the beggars were sitting at the gates. He flew into dark lanes, and saw the white faces of starving children looking out listlessly at the black streets. Under the archway of a bridge two little boys were lying in one another's arms to try and keep themselves warm. 'How hungry we are' they said. 'You must not lie here,' shouted the Watchman, and they wandered out into the rain.

Then he flew back and told the Prince what he had seen.

'I am covered with fine gold,' said the Prince, 'you must take it off, leaf by leaf, and give it to my poor; the living always think that gold can make them happy.'

Leaf after leaf of the fine gold the Swallow picked off, till the Happy Prince looked quite dull and grey. Leaf after leaf of the fine gold he brought to the poor, and the children's faces grew saqafka ayaa meeli ka dulooshay. Halkaas ayuu daf ka yidhi oo uu qolkii ka soo galay. Ninkaas dhallinyarada ahi markaas madaxiisa ayuu labada gacmood hoos geliyey oo ma uu maqlaynin balfbalafta baalasha shimibirka, sidaas darteed markii uu kor eegay, waxa uu arkay safaayerka qurxoon ee dul saaran ubaxa qaadhay.

'Alla hadda ayey bilaabantay in la i qiimeeyo' ayuu kor u yidhi; 'waxa tan ii soo diray qof aad ii la dhacsan. Hadda ayaan dhamaystiri karayaa masraxiyaddii', sidaa ayuu yidhi, asaga oo ay farxad weyni ka muuqato.

Maalintii xigtay ayuu Baalfallaadhkii u duulay xagga dekedda. Waxaa uu ku dul-fadhiistay mid ka mid ah udbaha doonni weyn, halkaas oo uu ka daawaday badmaaxyada oo khanka alaabada xadhko xoog kaga soo jiidaya sanduuqyo. 'hoo- hob!' ayey odhanayeen marka ay hal sanduuq kor u soo saaraan ba. 'Anigu Masar baan tegayaa!' ayuu kor u yidhi Baalfallaadhkii, cidi se dan ka ma gelin waxa uu yidhi, ka dibna markii uu dayaxu soo baxay ayuu dib ugu duulay Amiirkii Farxadda ku jiray.

'Waxaan kuugu imid in aan ku idhaa nabadgelyo' ayuu ku yidhi. 'Baalfallaadhow, Baalfallaadhow, Baalfallaadhkii yaraayow, miyaanad hal habeen oo kale ila joogaynin?'

Wuxuu ku jawaabay Baalfallaadhkii: 'Waa xilli jiilaal ah, oo barafkii qaboobaa na dhakhso ayuu u soo gelayaa. Masar qorraxda ayaa diirinaysa dhir- timireedka cagaaran, yaxaaskuna waxa uu iska dhex jiifaa dhoobada. Saaxiibaday macbadka Baclabaka ayey buulashooda ka dul-dhisayaan, halkaas oo ay shimbiraha xamaamka cad iyo kuwa basaliga ahi ka daawanayaan oo ay hoos isu la xanshashaqayaan. Amiirka qaaliga ahow, waa in aan kaa tago, weligeyse ku illaabi maayo, gu'ga dambe na waxa aan kuu keeni doonaa laba jowharadood oo qurux badan oo kuu beddela labadii aad bixisay. Rubigu waxa uu ahaan doonaa mid ka casaan badan ubax kasta oo cas, safaayerku na waxa uu ahaan doonaa mid sida u weynaanta badda oo kale ah, midabka na sidaada oo kale u buluuki ah.'

'Barxadda hoosteenna' ayuu yidhi Amiirkii Farxadda ku Jirey, ' waxaa taagan gabadh yar oo kabriid iibisa. Kabriiddadii ayaa kaga dhacay minjoroorka guriga oo halkaas ayey giddi ku baaba'een. Aabbaheed ayaa dhengedeynaya haddii aanay wax rosier, and they laughed and played games in the street. 'We have bread nod' they cried.

Then the snow came, and after the snow came the frost. The streets looked as if they were made of silver, they were so bright and glistening; long icicles like crystal daggers hung down from the eaves of the houses, everybody went about in furs, and the little boys wore scarlet caps and skated on the ice.

The poor little Swallow grew colder and colder, but he would not leave the Prince, he loved him too well. He picked up crumbs outside the baker's door when the baker was not looking, and tried to keep himself warm by flapping his wings.

But at last he knew that he was going to die. He had just strength to fly up to the Prince's shoulder once more. 'Good-bye, dear Prince!' he murmured, 'will you let me kiss your hand?'

< 9 >

'I am glad that you are going to Egypt at last, little Swallow,' said the Prince, 'you have stayed too long here; but you must kiss me on the lips, for I love you.'

'It is not to Egypt that I am going,' said the Swallow. I am going to the House of Death. Death is the brother of Sleep, is he not?'

And he kissed the Happy Prince on the lips, and fell down dead at his feet.

At that moment a curious crack sounded inside the statue, as if something had broken. The fact is that the leaden heart had snapped right in two. It certainly was a dreadfully hard frost.

Early the next morning the Mayor was walking in the square below in company with the Town Councillors. As they passed the column he looked up at the statue: 'Dear me! how shabby the Happy Prince looks!' he said.

'How shabby indeed!' cried the Town Councillors, who always agreed with the Mayor, and they went up to look at it.

'The ruby has fallen out of his sword, his eyes are gone, and he is golden no longer,' said the Mayor; 'in fact, he is little better than a beggar!'

lacag ah guriga ku la soo noqonin, taas awgeed way ooyaysaa. Kabo iyo sharabaaddo mid na ma gashana oo way cago caddahay, madaxeedu na wuu qaawan yahay. Isha kale iga soo saar oo sii iyada, aabbaheed markaa dhengedeyn maayee.'

'Hal habeen oo kale ayaan ku la sii joogi,' ayuu yidhi Baalfallaadhkii, ' mase kari karo in aan isha kaa saaro. Waayo indho la'aan buuxda ayaad noqonaysaa.'

'Baalfallaadhow, Baalfallaadhow, Baalfallaadhka yarow, samee sida aan ku faray,' ayuu yidhi Amiirkii.

Sidaas darteed ayuu uga saaray Amiirka ishii kale, uu na hoos u la rooray. Inta uu si xoog leh hoos ugu soo degay ayuu jowhartii baabbacada gabadha ugu silbiyey. 'Alla wacanaa galaaskan yari' ayey farxad ku tidhi gabadhii yarayd; ka dib na ayada oo qoslaysa ayey xaggii gurigooda u oroddav.

Ka dib Baalfallaadhkii wuxuu ku soo noqday Amiirkii. 'Hadda waad indho la'dahay,' buu yidhi, 'sidaa awgeed waan ku la joogayaa weligeyba.'

'Maya, Baalfallaadhka yarow,' ayuu yidhi Amiirkii miskiinka ahaa, ' waa in aad tagto Masar.'

'Waan ku la joogayaa' ayuu yidhi Baalfallaadhkii, ka dibna gondaha Amiirka ayuu ku dul gam'ay. Maalintii xigtay oo dhan wuxuu ku fadhiyey garabka Amiirka, wuxuu na uga sheekeeyey sheekooyin badan oo ku saabsan waxii uu ku soo arkay dhulal yaab leh. Waxa uu uga warramay shimbirka ibis ee cas, kaas oo saf dheer u jooga webiga Niil qarkiisa oo kalluun midab dahabi ah leh afka ku la soo baxa; Abulhawlka aad u da'da weyn ee intii adduunku jirey ba jirey ee ku nool saxaaraha ee wax walba og; ganacsadeyaalka ayagoo tallaabada gaabinaya barbar socda awrtooda, gacmaha na ku sida kuulaha cambarka ah; boqorka Buuraha Dayaxa, kaas oo sida qoriga geedka lafta madow leh u madow ee kiristaalka ballaadhan caabuda; waxa kale oo uu uga sheekeeyey maska weyn ee cagaaran ee geedka nakhalka ah hurda, ay na labaatanka Kaahin keegga malabka ah ku cuntaysiiyaan; waxa uu iyana uga warramay cilinnada warta weyn kaga tallaaba caleenta balaleexsan ee ballaadhan ee dagaalka joogtada ah na ku la jira balanbaalisaha.

'Saaxiib Baalfallaadhow, ayuu yidhi Amiirkii, ' ammuuro aad loo la ashqaraaro baad ii sheegtay, ha-yeeshee wax la la

'Little better than a beggar,' said the Town Councillors.

'And there is actually a dead bird at his feet,' continued the Mayor. 'We must really issue a proclamation that birds are not to be allowed to die here.' And the Town Clerk made a note of the suggestion.

So they pulled down the statue of the Happy Prince. 'As he is no longer beautiful he is no longer useful,' said the Art Professor at the University.

Then they melted the statue in a furnace, and the Mayor held a meeting of the Corporation to decide what was to be done with the metal. 'We must have another statue, of course,' he said, 'and it shall be a statue of myself.'

< 10 >

'Of myself,' said each of the Town Councillors, and they quarrelled. When I last heard of them they were quarrelling still.

'What a strange thing!' said the overseer of the workmen at the foundry.'This broken lead heart will not melt in the furnace. We must throw it away.' So they threw it on a dust-heap where the dead Swallow was also lying.

'Bring me the two most precious things in the city,' said God to one of His Angels; and the Angel brought Him the leaden heart and the dead bird.

'You have rightly chosen,' said God,'for in my garden of Paradise this little bird shall sing for evermore, and in my city of gold the Happy Prince shall praise me.'

ashqaraaro waxa ugu weyn silica dadka ragga iyo dumar ba haysta. Ma jiro eedaad ka weyn eedaadka laftiisa. Bal inta aad duusho magaaladayda dusheeda mar, bal markaa, Baalfallaadhka yarow, ii sheeg waxa aad halkaas ku soo aragto.'

Sidaas ayuu Baalfallaadhkii yeelay oo uu magaalada dusheeda u duulay, waxaa na uu arkay kuwii maalqabeenka hodanka ah ahaa oo guryohooda qurxoon dhexdooda haloosi iyo farxad ku jira, goortaas oo ay kuwo dawersato ahi na kadinka debeddiisa yuururaan. Waxa uu asaga oo duulaya galay luuqluuqyo mugdi ah oo uu ku arkay wejiyada cowlan ee carruur macaluulaysa oo ayaga oo tamar beelay himbiriirsanaya jidadka mugdiga ah. Aarkada biriijka hoostiisa waxaa jiifay laba wiil oo yaryar, si ay isu dugsiyaan mid ba ka kale ayuu ku dheggan yahay. 'Maxaa gaajo ina haysta!' ayey yidhaahdeen. Waxaa ku qayshay Ilaaliyihii biriishka: ' Ha seexanina halkan,' ayuu qaylo dheer ku yidhi, markaas ayey debeddii roobka meereysteen.

Ka dibna wuu soo noqday oo wixii uu soo arkay ayuu Amiirkii uga warramay.

'Waxaa igu dahaadhan dahab saafi ah, 'ayuu yidhi Amiirkii, 'waa in aad lakab walba iga fujiso oo aad siiso dadkayga masaakiinta ah; kuwo nooli weligood ba waxay u malaynayaan in dahabku sareedo u keenayo.'

Baalfallaadhkii dahabkii buu lakab lakab uga fujiyey Amiirkii faraxsanaa ilaa uu noqday wax aan daawasho lahayn oo midab dugul ah leh. Lakab ba lakabkii ka dambeyey ayuu qaaday oo uu u geeyey dadkii saboolka ahaa; wejigii carruurta ayaa isbeddelay oo noqday sida ubaxa oo kale, waxay na bilaabeen in ay jidadka ku cayaaraan. 'Waannu haysannaa hadda furin aannu cunno' ayey dhawaaq dheer ku yidhaahdeen.

Ka dib waxaa soo da'ay barafkii, waxaa na ka ku xigay oo yimid dharabkii qabowgu fadhiisiyey[frost]. Jidadkii magaalada ayaa u ekaaday macdanta silfarka, si aad ah ayey u dhalaalayeen oo ay u wagac lahaayeen; dhuubyo dhaadheer oo ah biyo barafoobay oo la moodo ablay dhalaalaysa ayaa ka soo laalaada saqafka guryaha, dadka na qof waliba wuxuu gashan yahay shaayado dhogor ka samaysan; carruurtu na ayaga oo xidhan koofiyado midabbo casaan ah oo widhwidh leh, ayey barafka ku cayaarayaan.

Miskiinkii Baalfallaadhka yar ahaa waa uu dhaxamooday oo uu dhaxamooday, ha yeeshee waa uu ka tegi waayey Amiirkii, waayo aad buu Amiirka u jeclaa. Ka dibna ninka furinka duba ayuu jajab furin ah ka soo qaad-qaatay, mar uu ninkaasi ka sii jiiday, waxa na uu isku deyey in uu baalashiisa kor iyo hoos u ruxo si uu isugu diiriyo.

Laakiin aakhirkii wuxuu ogaaday in uu dhimanayo. Tamar waxaa ku hadhay oo qudh ah inta uu ku duuli karo ee uu markii u dambaysay ku gaadhi karo garbaha Amiirka. 'Nabadgelyo, Amiirkii qaaliga ahaayow!' ayuu cod hoose ku yidhi, ' maad iga oggolaan in aan gacantaada dhunkado?'

'Baalfallaadhka yarow waa aan ku farxsan ahay in ugu dambaytii aad Masar u kacdo,' ayuu yidhi amiirkii, 'waqti dheer baad halkan joogtay; waa in aad dibnaha iga dhunkato, waayo waan ku jeclahay.'

'Ma aha Masar meesha aan tegayaa,' ayuu yidhi Baalfallaadhkii. 'Waxa aan tegayaa gurigii geerida. Geeridu waa walaasha hurdada, miyaanay ahayn?' buu yidhi.

Markaas ayuu Amiirkii farxsanaa ka dhunkaday dibnaha, asaga oo meyd ah ayuu Amiirka labadiisa cagood hoos ugu soo dhacay. Isla goortaas ayuu dildillaac la yaab lehi ku dhacay gudaha timsaalka, sidii wax jajabay oo kale. Runtu se waxa ay ahayd qalbigii gudihiisa ee baaruudda ka samaysnaa ayaa qac kala yidhi oo laba u kala jabay. Qalayl adag oo laga baqo buu runtii ahaa.

Arooryadii hore ee xigtay ayuu Duqii Magaaladu marayey barxadda hoose asaga oo ay la socdaan xubnihii Golaha Degaanka ee magaaladu. Markii ay agmarayeen kaabadda uu saaran yahay timsaalku ayuu kor u eegay timsaalka: ' Waa sidee! Maxaa foolxumo ka muuqata Amiirkii Faraxsanaa!' ayuu yidhi.

'Waa run ee maxaa foolxumo ka muuqata !' ayey qaylo ku yidhaahdeen xubnihii Goluhu oo weligood ba wax walba ku raaca Duqa Magaalada; dabadeed na way ku leexdeen timsaalkii si ay u eegaan.

'Rubigii wuu ka daadatay seeftiisii, labadiisii indhood na meesha way ka baxeen, hadda iyo ka dibna ma uu aha dahabi,' ayuu yidhi Duqii Magaaladu; ' runtii hadda wax badan ma dhaamo qof dewersade ah.'

'Wax badan ma dhaamo qof dewersade ah' ayey Xubnihii Goluhu ka daba yidhaahdeen.

Halkan gondihiisa na dhab ahaan, waxaa yaalla shinbir bakhti ah' ayuu sii raaciyey Duqii.

'Waa in aynu amar cad ku soo saaarno in aan la oggolayn in shimbiruhu halkan ku dhintaan.' Karraanigii magaaladuna qalinka ayuu ku xarriiqay soojeedintaas.

Sidaas darteed way dumiyeen timsaalkii Amiirka Faraxsanaa. 'Mar haddii aanay quruxi ku hadhin faa'iidona ku ma hadhin' ayuu yidhi borofisoorkii fanka ee Jaamacaddu.

Ka dib na waxay timsaalkii ku rideen dabka macdanta lagu dhalaaliyo oo waa la dhalaaliyey, waxaa na uu Duqii Magaaladu kulan u qabtay shirkaddii, si go'aan looga gaadho wixii lagu samayn lahaa macdanta. 'Dabcan waa in aynu helno timsaal kale' ayuu yidhi Duqii, ' wuxuu na noqon doonaa aniga timsaalkayga.' 'Aniga timsaal kayga' ayuu yidhi mid wal oo ka mid xubnihii goluhu, way na is-qabsadeen oo murmeen. Markii u dambaysay ee aan hadalkooda maqlo, weli way is-haysteen oo murmayeen. 'La yaab weynaa!' ayuu yidhi kormeerihii shaqaalaha wershadda macdanta tuntaa. 'Jajabka wadnaha macdanta rasaasta ka samaysani ku ma dhalaalayo dabka. Waa in aan debedda uga tuurno. Sidaas darteed bay ku tureen meel boodh tuuran yahay oo uu jiifay meydkii shinbirkii Baalfallaadh.

'Ii keen labada wax ee magaalada ugu qaalisan, ayuu Ilaahay ku yidhi mid ka mid ah Malaa'iigtiisa; Malaggiina waxa uu u keenay wadnihii ka samaysnaa macdanta rasaasta iyo meydkii shimbirka.

'Doorasho sax ah ayaad samaysay,' ayuu yidhi Ilaahay,' waayo shimbirkan yari jannadayda ayuu weligii ba ka dhex heesi doonaa, Amiirka faraxsanina magaaladayda dahabiga ah ayuu iga soo mahadnaqayaa igana soo majeeranayaa.

SECOND PART / QAYBTA

POEMS / MAANSOOYIN

TO THE MIDWIFE

Said Salah

Co-translated by Ahmed Ismail Yusuf and Clare Pollard

The mother we don't acknowledge;
The mother ignored,
Neglected
And unknown
Is you: the mother who is midwife.

A woman keens with contractions,
Labours under pain,
Utterly reliant
On your compassion and care:
You mother her, midwife.

Each tongue the world speaks
When a child is born,
The welcome
At the threshold of life
Is you, mother midwife.

From the day the egg
Implants in the womb,
As the earth's
Troubles stir,
As the child is counted,
He gazes,
Hard-breathing,
He cries.
The first in awe,
Enamoured,
Is you: the mother who is midwife.

UMMULISO

Siciid Saalax Axmed

Hooyo aan la aqoonsan
Hooyo aan la ogayn
Hooyo aan la astayn
Hadda aan laga oollin
Ummulisoow adigaa ahna.

Ooridii dinahanaysa
Marka fooshu eryayso
Tay ku eeranaysaay
Astaantii naxariista
Ummulisoow adigaa ah.

Qof kastoo ifka jooga
Ammintuu dhalanaayay
Soo dhoweynta ilmaha
Irriddii jiritaanka
Ummulisooy adigaa ah.

Ubadku goortuu
Uurka hooyo ka arooro
Marka adduunka
Dhibaato oosha
Ugu horreysa
Markuu abbaaro
Naqasku oofta
Oohintiisa
Axad u jeela
Ku farxa oohin
Adiga weeye.

You are intent
On the baby's being;
First guide on the path
Of his wobbly walk,
That he might be as good as he can:
One who atones for us.

Ujeeddadaadu
Ubadka weeye
Ha amba qaado
Ammuu ahaanba
Waayaha adduunka
Kan abda-yeela.

THE NIGHT OF ABSENCE

Said Salah

Co-translated by Ahmed Ismail Yusuf and Clare Pollard

The coupled two
The pair of two
The pair united as one
The matched and amorous
Blissful with God's blessing
Communicating wordlessly
They make an agreement
Within the cycle of days
In each-other's absence
They appointed a day
But then there was absence
They failed to meet that day
There was no yes or no
Within the cycling days
That awful day recurs

My beloved and I were one
Through our sweetest days
We ambled in joy
But what I remember
Is the night of absence

The night of absence
The absence of that night
The belief of awed love
The pain's bitter taste
In this sad song
I will let the story loose

HABEENKII MAQNAANSHAHA

Siciid Saalax Axmed

Laba ruux mataana ah
Mataanaah lammaanaa
Lammaanaa midoobaa
Midoobaa kalgacallada
Mahad eebbe garaa
Waysu miir dillaacaan
Mabda' bay jideystaan
Meertada ayaamaha
Maqanaanta iyo kulannada
Meertada ayaamaha
Maqnaanta iyo kulannada
Ballannay muddeystaan
Maqnaanta iyo kulannada
Mid hadday is waayaan
Maya haa is dhaafaan
Waligoodba maalmaha
Tan xun baa u muuq dheer

          Anigiyo mataantey
        Xilliyada macaanka leh
        Dhaaxaan mushaaxnee
         Waxa wali igu mudan
        Habeenkii maqnaanshaha

Habeenkii maqnaanshaha
Maqnaanshaha habeenkaa
Mad-habtii kalgacallada
Xilligii murgacashada
Maansadatan gocashada
Bal aan mariyo sheekada

It was a single night
Within the week's seven days
The one night that
We were appointed to meet
A yearned-for evening

As my siesta drifted
To an afternoon dream
I sensed she had arrived
At the planned place

It was a city evening
And time to go home
Lagging on my leisurely walk
I greeted each *guri*

Just as evening deepened
I reached our rendezvous
But she was not waiting
Oh that night of absence
The absence of that night
The fate of the lover
The pain's bitter taste
In this sad song
I will let the story loose

I was hesitant
Yet traced her steps
I asked for her by name
Was told she was home

But her presence at home
The space she lit
Could not be seen as in the past
It looked pitch dark

I took myself to dine where we once ate
Saw a vacant chair - she was not there

Maalin bay ahayd koow
Maalmaha todobada ah
Ka mid bay ahayd garo
Ballantii middeennii
Meesheennii fiidkii

Maryac hurdada dheer
Ma riyooday galabtii
Ma is moodaey inaan tegay
Meeshii kalgacallada

Caadada magaalada
Maqribkii carraabada
Ma sii arartay socodkii
Hadba guri ma sii maray!

Ma abbaaray fiidkii
Goobtii muraadkoo
Maba joogto iyadii
Habeenkii maqnaanshaha
Maqnaanshaha habeenkaa
Mad-habtii kalgacallada
Xilligii murgacashada
Maansadatan gocashada
Bal aan mariyo sheekada

Dhaaxaan ka maagee
Isu tuuray mininkii
Weydiiyay magacii
Lay sheeg maqnaantii

Markey joogto gurigii
Muuqaalka fiicnaa
Ma ahayn sidiisii
Caawa waa madoobaa

Miiskii cashada tegay
Kursi madhan daraaddiis

Food should have soothed me
I took a bite but lost my appetite

So I got on the path
To trace her footsteps among the many
But deep as I searched
I saw no signs, nothing I knew

As it got late, the moon kept me company
But the night no longer shone
The place of meeting
Was no longer where it used to be

The hopeless morning loomed
Still I rambled
When her female friends
Came to tease me
Oh that night of absence

The grown, supple twig
Wears a glut of leaves
Festooned with nectar
But I could not find my garden
The night was endless
And my hope
Made each moment tick more slowly
I left with regret

But then was filled with dark prophecy
She'd be angry - told
That I'd arrived
Yet had not waited but was gone
Angry questions, a voice raising
Why wasn't I still there?

Our love affair
Wasn't disguise or deceit
At the nucleus is love

Ma maceyn dhadhamadii
Marbaan qaatay oo kacay

    Waxaan qaaday marinkii
    Raadadkii mulaaqnaa
    Ma sanuunshey keedii
    Ma lahayn astaantii

Dayaxaan la miran jiray
Ma ifayn habeenkaa
Malkadii caweyskuna
Meeshiiba kuma ool

Meehannoow rugteedii
Ku ag meeray socodkii
Ma anigaa haweenkii
Igu maararoobeen
Habeenkii maqnaanshaha!

    Laantii magoolkiyo
    Caleemuhu marriimeen
    Manku uu ku jookhnaa
    Ma ka waayey beertii
    Mirta layl dhexaadkii
    Mucurtida hamuuntii
    Hadba sii minqaadoo
    Murugada la dheelmaday

Waxaan mala-awaalaa
Warka mahdin maysee
Kolkey maqasho waa yimi
Mana joogo waa tegay
Muran iyi is-weyddiin
Sababaha maqnaanshaha
Ma ahayn xiriirkii
Na dhex yiil maqaar-saar
Milgadii kalgacallada
Mid kalaa la yaab lehe

It amazes that I might
Have stood you up
I seek refuge in that night
What brings back this memory?
For the mind to churn
To note its third anniversary
To memorialize that night
To repeat the memory!

> Oh night of absence
> If you were not the absentee
> I wouldn't sing this song
> Or lay the carpet of love

Oh night of absence
If you were not the absentee
I wouldn't compose this poem
With such literary prowess

> Oh night of absence
> If you weren't the absentee
> I wouldn't have learnt wisdom
> So I thank you

Amba waa maqnaan jiray
Magansaday habeenkaa
Maxaa wacay xusuustaa?
Sannad-guuraadii mudan
Saddexaad na soo maray
Soow macdii hal koowaad
Ma ahayn xuskeedii

> Habeenkii maqnaanshaha
> Haddii aadan maqnaateen
> Heestaa ma mariyeen
> Masallaha jacaylka ah

Habeenkii maqanaanshaha
Haddii aadan maqnaateen
Maansada ma tiryeen
Suugaanta madhaxa leh

> Habeenkii maqnaanshaha
> Haddii aadan maqnaateen
> Murtidaa ma reebeen
> Mahaddana adays ka leh.

PERILOUS, IT IS PERILOUS

Said Salah

Co-translated by Ahmed Ismail Yusuf and Clare Pollard

1.
In the earth's corners
flames are howling
Ammunition's hitting
Death heaves forward
Nations head-butting
Habitually, day and night

    Some are underwater
    Some kneecap men down
    Some are in dispute
    As politics divides

Some are catatonic
Some are in combat
Some contemplate
Inclined to vendettas

    Some capitulate
    Leave in collapse
    It's the human curse
    To be cruel to each-other
    Consuming the earth
    This is the puzzle

2.
In the earth's corners
A leader; advisor
The heedless behind him
Meandering mindless

HALIS WEEYE HALISEY

Siciid Saalax Axmed

1.
Hareeraa adduunka
Dab baa ka holcaaya
Hub baa ka qarxaaya
Hed baa ku baxaysa
Kuwaa herdamaya
Habeen iyo maalin

  Kuwaa biya hoostood
  Haraati is yeela
  Kuwa isku hiifa
  Siyaasad hagoogan,

Kuwaa hardafaaya
Kuwaa halgamaaya
Kuwa holinaaya
Kuwaa hadimaya

  Kuwaa haqab beela
  Kuwaa hunga taagan
  Haybtiisaba Aadmi
  Dadnima ka huleelye
  Hagardaamo Adduunka
  Dad Maxaa kala haysta

2.
Hareera Adduunka
Hormuud talinaaya
Hagaas daba jooga
Aqoonta Habowday

With access to weapons
Will this never stop?

> When was the cow milked?
> A bucket of blood
> How was it was lulled?
> With a hail of bullets

Some are diseased
Hungry and desperate
Muddied in ignorance
Dirtied and calloused

> Some are enflamed
> Some are encouraging
> Enumerating oil
> Against aimless floating
> The global accounts
> This is the puzzle

3.
In the earth's corners
Some are still fearful
The dust is stirred
Some still believe
Mediation can soothe it
They sacrifice truth

> If only all Africans
> Speaking with drums
> Their faces defiant
> Called with one clear voice

Heroes of South Africa
You were degraded
The Middle-East
Was laden with grief

Hub geri samaysa
Hadmaa laga waayi?

    Haddmuu sacu dhiiqay
    Hadhuub caana dhiiga
    Sabuulka hadhuudhka
    Rasaas laga hoobshey?

Kuwa cudur heeray
Hamuun iyo gaajo
Aqoon daro haysa
Kuwa Hagranaaya

    Kuwaa halal beerta
    Kuwa u habaya
    Kan haysta shidaalka
    Heehaabka sabbaynta
    Hindisaa addunka
    Dad maxa kala haysta!

3.
Hareeraa Adduunka
Baqaa ka huraaya
Habaaska daluumay
Dadbaa isku haysta
Haddad u garsoorto
Runtii helimaysid

    Hiddii Afrikaanka
    Durbaaki Hadlaayey
    Halaanhalka ciilka
    Codbaa ka hugmaaya

Halyeyada koonfur
Hankoodaa la quudhay
Horaa bari dhexena
Huqdaa loogu beeray

The Horn of Africa
Is now the target

> It's the human curse
> To be cruel to each-other
> Consuming the earth
> This is the puzzle

Haddaa geeska barina
Loo soo hanqaltaagey

    Haybtiisaba Aadmi
    Dadnimo ka huleelye
    Hagardaamo adduunka
    Dad maxaa kala haysta !

SIPPING A LITTLE KNOWLEDGE COULD CREATE HARDSHIP

Muuse Cali Faruur
Translated by Maxamed Xasan 'Alto' and Clare Pollard

This boneyard of injustice could wake, break the chains of abuse.
Siyaad! A patch mending a cracked whip that's come apart;
The carpet, wet with dew, is caressed by first light.
I've committed to revolution; to cultivation and prosperity.
I've made a covenant: 'this revolution will save our children,'
So what if I fear the KGB or Russia's combat tanks?
Then I take my oath too casually. I swore on the Qur'an.

The party consists of patriots; they are constant and ours.
The coming future's up to them – they act and direct.
No single country invented socialism: none can claim it's theirs,
Don't quarrel with other countries about how they construe it:
It's simply a construct for raising the common economic standard.
Hey, you! You want to hand land to the Kremlin, Russia and Cuba?
Stand by your contemptible choice, pay no consideration to ours.

What I speak of comes on rapidly - leaps forward with compulsion.
Siyaad contributes talent; mankind craves to make life better.
Combine these factors, it should create constant improvement
But our country's becoming a prison cell, copying Russian ideology
Where only Castro and Brezhnev's views can be permitted;
Siyaad's thoughts or considerations are considered irrelevant.

Revolutionaries are fleeing power's corridors,
And not those who migrated - those still in the country.
We are a gelded camel, carefully plotting to surprise a he-camel.
We escape from homes and camps into the forest,
Bells circling our necks, their clanging means: 'look out'.
We are looking through the corners of our eyes, cagey with fear.

KABBASHADA CILMIGA GAABAN WAA LAGU KADEEDMAAYE

Muuse Cali Faruur

Xaqdarrada karoortaa mar bay, kadinka jiidhaaye,
Siyaadow karbaashkii dillaac, ay kabkabayeene
Haddaa kaahii soo baxay intay, qoysay kebeddiiye;
Kacaankii aan ku aamminay naftan iyo, ciiddan koboceeda
Een idhi: 'kanaa kayd u dhigi, kiinna dhalan doona,'
KGB haddaan uga baqdiyo, kaariyadan Ruushka,
Kitaabkii cuslaa iyo ma furin, dhaarti kululeeyde.

Kacaankiyo xisbina waa waddani, keenni oo run ahe
Hadba kaynta uu doorbido ayuu, keennu furayaaye
Hantiwadaagna keligii dal leh oo, keeney muu jirine
Oo kuma qabsado dawladdaan, kiisa saacidine
Waad korin dhaqaalahoo dhismaha, kor ugu qaaddaaye,
War ninkii Keremliinka siinayow, Kuubba iyo Ruushka
Koodaba ha doonteen hadday, kanniba saluugeene.

Wixiise kal hore aan sheegey baa, maanta soo kudaye
Kartidaa Siyaad iyo halkuu, uunku kohanaayo
Haddii ay kulmaan waxa ka dhalan, kayd aan madhanayne
Balse inay killaal nagu noqdeen, koobbiyadii Ruushka
Oo Kaastaro iyo Birishineef, koodu soconaayo
Oo aan karkaba Ina Siyaad, kaaga cidiba siinnin.

Kacaan iyo waddanigii inuu, kadinka boobaayo
Kuwa dhoofay mooyiye intii, keennan weli joogtay
Sida koron-dhabiilaha inuu, kediyey awrkiiba
Kambalka iyo reerkii inaan, kaynta uga yaacnay
Oo koor na loo xidhay tidhaa, 'kaa innaga eega',
Oo koona-koonaha ishuun, kuluc ka siinaynno
Haddii uu kartiba leeyahoo, talaba keenaayo,

Let me not chatter on, but cut back on words:
Who can condone these valueless administrators?
Anti-revolutionaries are patriots who can't stand an administration.
What I've seen are separatists, crammed with malice; deadly,
But cunning: seats hold look-alikes of Katame and Ahmaras.
What cuts is the pretence of caring for the nation.

Progression in education is cancelled out; can't be repaired:
We can't reach for intermediate, let alone higher education.
A little knowledge of K and W, the student can take further courses -
Instead of learning from the bottom, it comes top down.
If no-one warns of the coming danger and turns up the heat,
Their scholarly skills won't benefit the country.
They're green-bottles boozing on sour camel's milk.

And sipping a little knowledge could create hardship.
It's crazy: you send someone to a course in Moscow
And the course is given - concise, speedy -
And he's flown back to our country and assigned authority
And considers himself installed to the seat by Cuba and Russia.
He's surprised by the expulsion of Cubans and the Soviets,
Despises those who decided at the party congress,
And people's confidence in Siyaad and the nation's leaders -
The party-conference started early; couldn't wait for one o'clock:
They crowded in at daybreak to cheer the party's agenda.
Those who ran away the day we expelled the Cubans,
Those who didn't show at the party conference,
Destroying the party's coherence; carving people into groups,
Must be indicted for treason, tied up for capital punishment.
When they cultivate animosity, it's cancerous.
They deliberately obstruct and crush the revolution.

Maybe I'm just confused, my emotions too complex,
But these traitors contrive to catalyse violence.
Consequences will be noted: one day people will comprehend
How they're enemies of their kin and the country
And were never the constant or loyal kind.

Kollayba anigu waa mid aan ogaa, waayo keligeeye
Kutubtaasaa ii marag ah iyo, koobbiyada yaalle
Kasbashada xisbigu inay xaq tahay, kooxdii lagu qaatay
Iyo inay kashkaash iyo gurteen, kooke daba-qaade,
Kormeer baa ku filan soo dulmara, kulammadoodiiye.

Anna yaan karaarine haddaan, koobo hadalkiiba;
Kudladdaa xisbiga maammushiyo, kooxdan maran eegey
Kacaan-diid waddani buu ahaa, maammul kaarahaye,
Kala-gooyayaal baan arkiyo, kud iyo waabeeye
Katame iyo Amxaaraa fadhida, show kuraasyadane
Kaxna waxaa ka dhigey uummiyii, kayn isu ekeeyne.

Kur-gooyada tacliintii la baday, kaalinta ay gaadhay
Korodhsiimo daayoo adoon, kiisa dhexe joogin
Markii Kaafka iyo Woowga uun, kooras lala aaday
Korkana lagaga soo dhacay naxwihii, kaydka dunidoo dhan,
Haddii aanad ka dhigin maalintaa, oonad kululaannin
Kansabkii ka soo baxay halkaa, kadabsan maayaane
Waa kararaggii sida duqsiga, dhamay karuur geele.

Kabbashadana cilmiga gaaban waa, lagu kadeedmaaye,
War kol mid gaadhay Moosko kaad, kooras yar u qaadday
Oo kowsi sheekada warkoo, kooban lagu siiyey
Oo keennan yimid oo haddana aad, kaalin adag saartay
Kursigana u qaba inay dhigeen, Kuubba iyo Ruushka
Oo kedis go'aankii ku yahay, kooxdan lagu saaray
Kalfadhiggana ruuxii ayida, karahsan oo diiddan
Kalsoonida Siyaad loo qabo iyo, koonka madaxdiisa
Kalbaxniga xisbiga uummiyii, kowda sugi waayay
Ee soo kallahay oo ayiday, kaalinta uu muujay
Kuwii naga baxsaday maalintii, Kuubba la eryaayay
Ee kulanka weyn iyo shirkii, koodba iman waayay
Ee koona-koonaha dadka uun, kala kaxeeynaayay,
Haddaan kiis intoo lagu dallaco, kaabad lagu tiirin
Markay koronkortay aasayaan, kobocdo ay naaxdo
Kacaanka iyo geeddiga wallee, waa kufinayaane.

The Kremlin shipped armoured combat-vehicles to Ethiopia
And sent Cubans as proxies, carefree with the trigger,
Our armed forces were captured and killed,
Countless warriors collapsed in the forest.
When you look at these soldiers you can't help but cry:
Colonels injured or killed by the Cubans.
We were never their co-workers or comrades,
But some don't care about the plight of their country:
Their concern's violently clutching state power.

Don't let me carry on too long. Let me be concise.
This group condones injustice; because of this it climbs.
They charge you with an offence, claim you've committed crime,
Take you to court, then convert to prosecutor and judge -
Yes, they alone judge crimes, on evidence I can't see.

First it was their cop who brought me to court,
Their prosecutor carried proceedings against me,
Their witness gave a concocted testimony
And lastly, their judge came to the incorrect verdict.
This group had the confidence of those above them -
If they'd been checked, inspected without being cautioned,
They wouldn't have acted to convict an innocent man.
Unless accuser and accused had an unbiased court,
The legal case must be heard by a clean judge.
And perhaps it's my character; how I've handled concerns,
But if this miscarriage continues, my revolutionary act concludes.
You can't be surprised: it seems these times create change.

Balse inaan kamma'ay oon lumoon, haatan kululaaday
Iyo inay kadeed soo wadaan, koox aan ka hadlaayay
Kol kalaa la faalleeyn wallee, kaaha soo baxaye
Kulligoodna inay wada yihiin, keennan cadowgiisa
Oon kalax yar loo darin waddani, koobna laga siinnin.

Inta Keremalliin soo baxshee, kaar sare u dhiibey
Ee Kuubba loo soo diree, keebka nagu hayso
Kalooniga raggeenii waxaa, gowda kaga saaray
Kumanyaalka le'diyo intaa, kaynta wada jiifta
Kolkaad eegto nimankaad ilmada, kobo' ka siinayso
Korneyllada la wada dhaawacee, Kuubba naga laysay
Kadab muu xasuusteen nimay, kibis wadaageene
Kudladdani ma eegaan waxaa, kaday dalkoodiiye
Kursigiyo waxay dhawrayaan, kaalintaa adage.

Anna yaan karaarine haddaan, koobo hadalkiiba
Kur-gooyada cadliga ay badeen, kaalinta ay gaadhay
Bal dembiga ninkii kula kohdee, kiiska kugu oogay
Kursigana fadhiistoo isagii, koodhki kugu qaaday
Oo keligii maammuloo waxani, aniga waa ii kow.

Bal kaxeeyntii askari buu ahaa, keeniddii hore
Markii xigayna xeer-koobiyihii, ii kitaab dayay
Markii xigayna maraggii igu kabay, kii uu keensadaye
Markii xigayna koodhkaba hayihii, kiiska maammulayay,
Kalsoonay ka haystaan markaa, kaabadaha adage
Haddii markaa kormeer soo galiyo, kedis la eegaayo
Kelyo uma lahaadeen raggani, shay kur-gooyo ah,
Anigase iyo kooxdan yare, koodhka wada joogta
Een kaayagii galay dembiga, kiiska lagu qaadin
Aniguna kadeed iyo waxaan, kadayo mooyaane,
Kufraan ahay haddaan dhexgalo, shay kacaannimo'e
Kedis yaanay ku noqon uummiyihii, waaba kalagguure.

COMMON TO MY CULTURE

Cabdi Yuusuf Xasan "Cabdi-dhuux"

Literal Translation from the Somali by Mahamed Hassan 'Alto'.
Final English version by James Byrne

1. We live, sprawling our mats and sheets on the Horn of Africa
2. Generally the land is noble when God has given it to us
3. Every region is affluent if we ourselves are ready for work

4. Right now, camels, cattle, sheep, goats, horses and other equines
5. Produce as abundance — maize and grain cereal crops and mangos
6. Fleshy fruits high on the trees, edible grains below
7. Only those unwilling to work will face hunger

8. Let me give you an idea about the weather
9. You feel unnervingly cold and shivery but need a sheet-cloth to cover up with when sleeping
10. God protects us from high-degree heat and excessive sweating
11. So easily you can fall asleep without wearing a sweater
12. This kind of norm is not to be found anywhere else in the entire world

13. God was excessively kind when favouring me and this surpasses the norms of what is expected and found elsewhere
14. Travelling by foot far off in the bush without any supplies for a journey
15. Whenever newcomers arrive at a settlement animals are slaughtered to feed the guests
16. This culture is exclusive, you cannot find it anywhere else in the world
17. And these norms are not available anywhere in the world

18. If there is bitterness, anger and ill-will from both sides in an argument and the uproar cannot be toned down

GAAR AYAAN U LEEYAHAY
Cabdi Yuusuf Xasan "Cabdi-dhuux"

1 Afrikaanka geestaa bari bay, gogoshu noo taalle
2 Dhulka Eebbahay nagu galladay, gebi ahaantiisa
3 Gobol waliba waa hodan haddii, loo guntado hawle.

4 Gammaan faras ah geel iyo lo' iyo, gaabanow ariga
5 Galley iyo hadhuudh iyo cambaha, gooso oo dhereg ah
6 Geedaha midhaha saaran iyo, gocosadaa hoose
7 Qof gacmaha ka laabtoo qudhey, gaajo qabataaye.

8 Cimilada haddaan uga gudbo oon, gobo' ka faalleeyo;
9 Qabow lala gariiraa ma jirood, go' isa saartaaye
10 Kuleyl dhididku gobo'leynayana, Guulle naga dhawrye
11 Garan qudha adoon wadannin baad, aayar gama'daaye
12 Adduunyada geddaa lagama helo, gebi ahaanteede
13 Allaa igu galladay oo anay, gooni ii tahaye.

14 Adiga oon gasiin wadan socdaal, meel fog ugu gooshka
15 Goortii ay timaaddaba martida, gowrac iyo loogga
16 Waa dhaqan aniga ii goonniyoon, gaar u leeyahaye
17 Adduunyada geddaa lagama helo, gebi ahaanteede.

18 Haddii godob la kala sheegto oo, guuxu demi waayo
19 Geedka talada lagu gooyo iyo, guurtidiyo xeerka,
20 Gacansiinta gaadiid ceshiga, qoyski laga guuray.

21 Wiil laba go' qaatiyo abley, suunka lagu giijey
22 Oo gorof u caaneysan yahay, geeluna u muuqdo,
23 Gabadh timaha loo soohay oo, garo u heeseysa

19. Then the council of elders will gather under a tree and look at the issues, to decide in accordance with the traditions of law

20. If the settlement moves elsewhere then the settlers will give a helping hand to the weak and the vulnerable

21. A boy dressed in two loose outer garments and a dagger fastened to a belt

22. Holding a brimming milk-jug in his hands surrounded by camels

23. A girl with long, tightly-braided hair singing for her sheep and goats

24. Showing the modesty acquired during her adolescent years

25. This culture is exclusive, you cannot find it anywhere else in the world

26. A bow whose ends are drawn by a taught string together with a number of feathers fastened to the shafts of the arrows

27. A good archer is given more arrows

28. A defender who holds out against attack with a lance, arrow-poisoned and small spears

29. This culture is exclusive, you cannot find it anywhere else in the world

30. And these norms are not available anywhere in the world

31. The rush mat is spread out and tied across the inner part of the chamber

32. A fibrous milk-jug for holding ghee and all other house utensils

33. Beautiful is the marriage contract when both sets of wise elders with red beards shake hands

34. The dowry is wrapped in a shawl and passed to the darlings of the bride's family

35. The price of the bride is organized later on according to precise dates

36. Escorting the bride and groom home with a beating of wedding drums

37. This culture is exclusive, you cannot find it anywhere else in the world

38. And these norms are not available anywhere in the world

24 Oo lagu gardaadiyey xishood, gaban ahaanteedi
25 Waa dhaqan aniga ii gooniyoon, gaar u leeyahaye.

26 Qaanso xadhigga loo giijiyey iyo, tiro gamuun baal leh
27 Fallaaraha ninkii gani yaqaan, gacanta loo buuxsho
28 Gaashaan difaaciyo warmaha, gamas mariideysan
29 Waa dhaqan aniga ii gooniyoon, gaar u leeyahaye
30 Adduunyada geddaa lagama helo, gebi ahaanteede.

31 Dermo gogol ah raar lagu gam'iyo, gole mardeeyeysan,
32 Gocoyada hadhuub yaal qumbaha, weelka gurigoo dhan,
33 Guurka quruxda gadhcas laba dhinac, laysku gacanqaado
34 Gabbaatigoo go' shaal lagu wadiyo, sooryadii gacalka
35 Ballan goor dambe ah yaradka oon, laysla garan waayin
36 Gelbiskiyo arooskoo habeen, loo gurbaan tumayo,
37 Waa dhaqan aniga ii gooniyoon, gaar u leeyahaye
38 Adduunyada geddaa lagama helo, gebi ahaanteede.

DON'T STRIKE AGAINST THE SOIL!

Faysal Cumar Mushteeg

Translated by Maxamed Xasan 'Alto' and Clare Pollard

Don't disown or refuse me!
Don't hurl me in a hole with enemies!
Don't keep me alone and away from you
With love's dangerous storms!
Don't push me towards people
Who walk a darker path!
I'm a dolt who'll bend to your wishes:
Don't sin by making me sin!

Don't strike against the soil, don't fly!
Don't hurry in haste: stay, just stay!
It isn't right to despise one's country,
I don't deserve to be loved and left.

The pig won't defy others
so at death it goes to hell –
this demonstrates why children
must defend their families.
I've chosen you, my dear.
I can't let you desert me,
for that dumb, rich man,
for some dull stooge!

Don't strike against the soil, don't fly!
Don't hurry in haste: stay, just stay!
It isn't right to despise one's country,
I don't deserve to be loved and left.

It's due to you
I've roamed directionless.

HA DERDERIN CARRADA!

Faysal Cumar Mushteeg

Haw dayrin naftayda!
Hay dhigin daleel nacab!
Duufaan jacayl iyo
Wahsi haygu dayrin!
Duulkaan la habaabiyo
Da'day hayga reebine!
Oo doqonka reeride,
Nabsi hayga doonnine!

Ha derderin carrada, ha duulin!
Ha degdegine joog, nala joog! / Iska joog!
Dalka lama nebcaadee,
Dibedaha lamaba jeclaadee.

Doofaarka ficil li'i baa
Dabka loogu ridayaa,
Daa'imo carruurtuna
Inay ficilka garatee,
Aniguna ku doortoo
Kuma dayn karaayee,
Nacas duunyo haystiyo
Qoqon hayga raacine!

Ha derderin carrada, ha duulin!
Ha degdegine joog, nala joog! / Iska joog!
Dalka lama nebcaadee,
Dibedaha lamaba jeclaadee.

Aniguba daraaddaa
Dibedaha wareegoo,

People were dismayed -
thought I was duped,
But my heart's decided on you:
Feel the tender damage,
Let me know I can depend
On you to try your damnedest!

Don't strike against the soil, don't fly!
Don't hurry in haste: stay, just stay!
It isn't right to despise one's country
I don't deserve to be loved and left.

Dadku wayla yaabuu
Doqon ii maleeyee,
Qalbigii ku doortaa
Nabarkii damqanayaa,
Dumar haygu noqonnine,
Waa in aad dadaashaa!

Ha derderin carrada, ha duulin!
Ha degdegine joog, nala joog! / Iska joog!
Dalka lama nebcaadee,
Dibedaha lamaba jeclaadee.

PARTING WORDS - DARDAARAN

Xasan Qowdhan Yuusuf
Translated by Lidwien Kapteijns

This song by poet Xasan Qowdhan Yuusuf is one of the most beautiful Somali love songs of all times. In it, a man (represented by the singer Muuse Ismaaciil Qalinle) is sending his wife to the countryside, while he stays behind in the city. In the song, he gives her advice about what to expect and how to behave, and also tries to prepare her for the gossip she might hear about his behavior in her absence. The song was part of a Somali *riwaayad* (play) of the early 1970s called *Ninna waal, ninna waani* – "Drive one person crazy; while giving another good advice." The melody is by Xassan Gareydh. The transliteration and translation are by Lidwien Kapteijns and the late Maryan ("Aryette") Omar Ali.[1]

Ubaxoo dillaacaay, dawadii naftaydaay,
Haween taan ka doortaay;
Sida dayaxa nuuraay, habeen deddan hillaaceey
Waqalkii daruurtaay;
Darmaantaan jeclaayeey, hee dheh waan ku dirayaa,
Degmadaan ku gaadhsiin, waa laguu dabbaaldegi,
Durbaannaa laguu tumi;
Waxa iga dardaaran ah, duca duug ma noqotee,
Toobiye dariiqanu, qorraxduna dallaalnimo,
Dadku aabbahaa iyo, Deeqeey hooyadaa noqoy,
"Ha daganeey hoydadoy,"
Ma hungowdo daacadi.

---
[1] I am grateful for feedback from Ahmed Hassan. If anyone has a recording of the play, me please contact or any other person who is collecting, and hopes to make public ,the Somali literary heritage.

Blooming bud, heart's nurse,
the woman I plucked
from a radiant moon flashing its light through night's cloud
(a rain-bearing cloud);
little filly whom I love, listen, I am sending you off now.
The people who will receive you will hold a parade
and thump the drum.
My parting words: "a blessing never goes stale,
may the road be quick and the sun be your canopy,
and may the people of Deeqa, be like a father and mother.
Don't be deceived, hoydadoy,[2]
the truth never fails

Ku dagaali mayaan kula doodi mayaan,
Kuna dayrin mayaan ee.
Geelu waa ku dararraa, adhigu waa ka darran yahay,
Caanahaa durduroo,
Dhex dabbaalan doontaa, daabbad baa laguu lisi.
Doqon yaan lagugu odhan, dudmo yaan lagaa garan;
Awrka dabarka la ogow.
Waxaa iga dardaaran ah, duca duug ma noqotee,
Toobiye dariiqanu, qorraxduna dallaalnimo,
Dadku aabbahaa iyo, Deeqaay hooyadaa noqoy.
"Ha daganeey hoydadoy,"
Ma hungowdo daacadii

They'll not fight or bicker with you
or disown you.
Their camels have abundant milk (even more so the goats and
sheep).
You will swim in a pool of milk and for you they will milk any
docile animal.
Don't cause anyone to call you inept or deem you quick-tempered;
make sure the burden camel is properly secured.

---

[2] This line is the refrain of a folksong and dance. For a modernized version, see
the audio-cassette produced by Quatre Mars in Djibouti.

My parting words: "a blessing never goes stale,
may the road be quick and the sun be your canopy,
and may the people of Deeqa, be like a father and mother.
Don't be deceived, hoydadoy,[3]
the truth never fails

Degellada dushoodiyo duleedkaad u yara bixi;
duddadaad mar soo mari ee,
dhulka daawan doontaa, danta lagama boodee.
Waxaa jira dallaaliin,
kuwa diradiraaloo daf ku soo yidhaadee;
waa inaad ka durugtaa ayaan laysu keen dirin,
nacab yuun na kala dilin.
Waxaa iga dardaaran ah — duca duug ma noqotee —
toobiye dariiqannu qorraxduna dallaalnimo,
dadku aabbahaa iyo Deeqeey hooyadaa noqoy
"Ha daganeey hoydadoy,"
ma hungowdo daacadii

Go and walk the perimeter of the encampment,
go on a tour through the neighborhood,
see the country; but don't turn away from our interest,
for there are always meddlers
who will level one human against the other.
Keep a distance; don't let them sow seeds of discord between us
or permit an enemy to shatter us.
My parting words: "a blessing never goes stale,
may the road be quick and the sun be your canopy,
and may the people of Deeqa, be like a father and mother.
Don't be deceived, hoydadoy,[4]
the truth never fails

---

[3] This line is the refrain of a folksong and dance. For a modernized version, see the audio-cassette produced by Quatre Mars in Djibouti.
[4] This line is the refrain of a folksong and dance. For a modernized version, see the audio-cassette produced by Quatre Mars in Djibouti.

SHABCAAN

Hassan Qawdhan Yussuf
Translated by Lidwien Kapteijns

I left on the month of Shaba'aan
After you had kept dead silent
And showed you cared no more
And followed the satanic path

Then I became a leopard,
A full-maned lion
(A whole band of animals)

Fettered by love's shackles,
Powerless, I sought a haven
In the stony mountains
Surrounded by the forest

My treatment was earnestly wanted
Five soothsayers were beckoned
Along with ancient fortune-tellers
(And others clever at the art)

They conferred in low whispers
And they sang and danced,
Ink was poured into a pot
And they added bee's blood
And gum from the Kedi tree

Then a fire was ignited,
An amulet prepared
And the charm they spoke
Was written down

SHABCAAN

Hassan Qawdhan Yussuf

Waxaan tegay Shabcaantii,
Markii aad shib iga tidhi,
Shalwateed i diiddee,
Sheydaanka raacdee,
Aniguna shabeelkiyo,
Shaashlaha libaaxiyo,
Bahalaha shuraakaa,
U shakaalan caashaqa,
La shuf-beelay hawlaha,
Buurta shiisha dhagaxa leh,
Keyn shareeran weheshada,
Shaf-shafaa la ila rabay,
Shanta faaliyee jira,
Habraa saarka sheekada,
Kuwo shaxa lay keen,

Shuxshux foodda lays geli,
Inta ay shirbeeyeen,
Shadaab baa khad laga dhigay,
Shinnaa dhiiggeed lagu daray,
Xabag-kedina lagu shubay,
Raran iyo dab lagu shiday,
La sharraxay qardhaastii,
Shanfax qalinkii lagu qoray,
Sheekhii gacanta ii geli,
Ha sharaysan igu yidhi,
Wixii shiiman lagu qoray,
Ma shirrabin qardhaastii,
Meel shishaan god uga qoday,

And a Sheikh gave it to me
Assuring all its weird inscriptions
Were to bring the desired effect

But I did not wear the amulet
I dug a hole and covered it there

A fatty ram's meat was also recommended
Along with a healing potion,
But I abstained from tasting anything

And so I was taken to Mount Shanshan
Where foreign doctors were gathered
But all failed to find a diagnosis
Leave alone love's peculiar ways

So to shut them all up,
To brief them all fully,
I resolved to tell the root cause:
'For heaven's sake, come closer,
Listen well to my laconic tale
Can yesterday ever be salvaged?
They readily said no to that
All that you observe on my leg
Has not been caused by disease

The whole matter is love's work
And the magic it holds
Is another mystery of God

Wan shidhayso lay yidhi,
Shifo cashar la ii sii,
Shurrabahaba maan gelin,
Shaashaan la ii qaad,
Dhakhtarrada shisheeyoo,
Ila shire dhammaantood,

Garan waaye shuushkiyo,
Sharka caashaq leeyahay,
Anna idhi shuruudii,
Waxay sheegato ha weydee,
Waaba lagu shareeraa,
Sharec Allee bal kaalaya,
Sheeko gaaban iga gura,
Shalay miyaa la soo celin?
Sha' yidhaahde waa maya!
Shanshadayda bawdada,
Shiddo cudur ma gaadhin'e,
Shilku caashaq weeyaan,
Iyo shaashadiisoo,
Waana shuqul Ilaahay!

PROFILE OF TRANSLATED POETS

This publication is the sixth of a new series of books called "Iswaydaarsi" (Exchange), published by Ponte Invisibile (Redsea-online Culture Foundation). This series intends to provide specific knowledge of international classical literature to the Somali speaking readership, and at the same time translate Somali literature and wisdom into other languages. The translated Somali potery is a selection of artists attending the Somali Week Festival 2012, organized by Kayd Somali Arts and Culture and Redsea Online Culture Foundation.

Said Salah is a highly-esteemed playwright, poet, and educationalist. He has gallantly written about Somali peace. His famous play, 'Aqoon iyo afgarad' (knowledge and understanding), which he wrote with other poets such as Hadraawi, late Gaarriye and Musse Abdi Elmi, Said's work has garnered several awards; one of his songs, 'Midwife', was voted one of the top four in the United Nations International Year of the Child Children's Song Contest, and in 2005, he was awarded the Virginia McKnight Binger award for Human Service.

Hassan Qawdhan Yusuf is a popular playwright and composer of contemporary music. In 1967 he composed his first song, which was sung by Maxamed Nuur Giriig and his first play entitled 'Annagoo waalan, waagu noo beri' (We woke up in a state of madness). He has become an established Somali playwright and composer- composing songs for several renowned Somali artists such as Mohamed Mooge and Mohammed Salaban. Abwaan is also a conscientious figure, willing to challenge injustice and artistic censorship and was imprisoned for one of his plays.

Muuse Cali Cige (Muse Ali Faruur) is one of the most knowledgeable artists in Somaliland and is considered an expert in Somali tradition and folklore. He meticulously memorises and recites all aspects of Somali culture. Muuse is also a brave social and political activist and an ex-prisoner of conscience. As a poet and playwright, his most celebrated works include, 'Waallida Ragga iyo Weerarka Hablaha' and 'Agoon abbbe la'. Muuse has also collected extensive unpublished works on Somali indigenous knowledge.

Abdi Dhuh Yusuf is a renowned poet, playwright and song-writer and also the director of the recently re-opened National Theatre in Mogadishu. In March this year, he took part in an evening of singing, dancing and poetry- the first performances at the national theatre in over 20 years. He spoke about the challenges of reviving the country's arts and culture, and the struggles faced by Somali artists and the theatrical scene during two decades of civil strife.

Faysal Cumar Mushteeg (1945-2012) passed away on 20th September 2012, in Dacarburuq. He was on his way to Addis Ababa to apply for a UK visa to attend Somali Week Festival 2012 in London, where he was eagerly expected. Unfortunately, he became very unwell and he had to be taken back to Hargeysa. Sadly he died on the way to the village of Dacarburuq. Faisal was born in 1945 in Hargeysa. He studied in Hargeysa and Borame for his early schooling before he moved to Mogadishu for a teacher training course and finally became not only a well respected teacher but also an exceptional musician, vocalist and composer. Faisal Umar Mushteeg's distinctive voice and gift for incorporating poetry into his songs, has earned him the respect of his peers and public audiences. He composed mainly Qaraami music, a style of music that has recently become endangered but which is deeply ingrained in Somali art. Faisal is appreciated for his heartfelt and honest lyrics and has contributed to the evolution of Somali music over several decades.

Translators:

Rashiid Sh. Abdillahi H Ahmed, Director of 'Sooyaal' Series (Sooyaal is column of books on Somali Classic Literature). Rashiid is author and has extensive knowledge of Somali education and culture through his work with the Department of Education where he headed the Folklore Section of the Cultural Department in 1972 and later on, from 1976 to 1982, when he worked as a journalist as well as a lecturer for the National University. He also worked with the Academy of Science and Culture. His latest book is Adduun iyo Taladii which appeared in Curisyo (Essays) series published by Ponte Invisibile.

Maxamed Xasan 'Alto' was born in 1960. He studied in Somalia and the Soviet Union and has an MA in Journalism. Since 2004 he has been a teacher in Somali language at SOAS London. He is a writer and freelance journalist and has published and edited many books in the Somali language. He has worked closely with Dr Martin Orwin on a number of Somali poetry translations and is closely involved with the Poetry Translation Centre.

Saed Jama is a short storywriter and one of the pilasters of the literary promotion in the Somali speaking society. He speaks six languages. He is the author of "Shufbeel", which is a collection of essays and short stories, including modern and traditional Somali wisdom and entertainment (murti iyo madaddaalo). Said is passionate about preserving the Somali language and more specifically safeguarding the survival and transition of formal spoken Somali to written standardised Somali which can be used by future generations while maintaining the oral richness associated with the oral Somali language. Saed is considered an asset to HIBF, representing the spirit of sustaining and developing Somali literature for the future generation.

Ahmed Ismail Yusuf's short stories have featured in many publications, amongst others, Bildhaan: an International Journal of Somali studies and Mizna: an Arab-American literary magazine. He has a B.S. in creative writing and psychology from Trinity College in Hartford, Connecticut and an MPA (Master of Public Affairs) from the University of Minnesota, where he is currently employed. His plays are often performed on Somali television and he is set to publish two books this autumn: "Gorgorkii Yimi" with Redsea-Online, which is a collection of short stories in Somali, and "Somalis in Minnesota" with the Minnesota Historical Society.

Cabdillaahi Cawed Cige is better known to the Somali community in the UK and Europe as a poet whose works has been widely published on the Somali internet-based media but he also wrote a number of short stories including "Hog Baas"(The Cursed Cave). All his stories share the theme of exploring suffering and the different means people learn to cope with it. In his case it includes the creation of magical scenes complete with characters metamorphosing into gluey substances to escape reality; wise men continuously turning massive golden wheels and people travelling through haunted, empty paths surrounded by claustrophobic, rustling forests. He is the author of 'Ladh' (Anguish) and 'Roge', two of the most read Somali novels that appeared in Cirsankayeedh Series.

Clare Pollard was born in Bolton in 1978 and studied at Cambridge University. She received an Eric Gregory Award in 2000 and was named by The Independent as one of their 'Top 20 Writers under 30'. Her first poetry collection, The Heavy-Petting Zoo, was published in 1998 and her second and third collections, Bedtime and Look, Clare! Look!, were published in 2002 and 2005 respectively. She has also presented two television documentaries, one for Channel 4 with verse commentary. Her first play, The Weather (2004), was staged at the Royal Court in Autumn 2004, and her documentary for radio, My Male Muse (2007), was a BBC Radio 4 Pick of the Year. Clare has been Managing Editor of the Idler and editor of the poetry journal Reactions. Her journalism has been published in The Guardian, The Independent, The TES, Magma and The London Magazine. Clare is co-translating the poems of Asha Luul, one of the best well known female Somali poets in the UK.

James Byrne is an internationally-renowned poet, editor and translator currently living in Manchester. His most recent collection Blood/Sugar was published by Arc in 2009. Bones Will Crow: 15 Contemporary Burmese Poets, published in June 2012, is co-edited with Ko Ko Thett and is the first anthology of Burmese poetry ever to be published in the West. Byrne is the editor of The Wolf, an international poetry magazine, which he co-founded in 2002 (included in The Wolf is Byrne's interview with 'Gaarriye', whom he has published). Byrne is the co-editor, with Clare Pollard, of Voice Recognition: 21 Poets for the 21st Century, an anthology of poets under 35, published by Bloodaxe in 2009. He has translated poems from Arabic, Burmese and the Omani National Anthem, was Poet in Residence at Clare Hall, University of Cambridge and 'Extraordinary International Scholar' at New York University.

Professor Lidwien Kapteijns is a Professor of History at Wellesley College, Boston, USA. Her research focuses on changing Somali self-understandings, self-expressions, and cultural norms at three moments of history: the nationalist moment during which a national culture was actively fashioned (1960-1991); the sectarian moment of civil strife and clan violence (1991-present); and the moment of diasporic reconstruction, in which Islam and Islamism have gained prominence (1991-present). It draws on Somali popular cultural production, especially Somali popular song and oral poetry. Her Women's Voices in a Man's World (with Maryan Omar Ali, 1999) analyzes constructions of gender in a wide variety of Somali oral texts, including Somali popular songs of the 1970s and 1980s. Profeddor Lidwien Kapteijns' most recent book is a co-edited volume (with Annemiek Richters) entitled Mediations of Violence in Africa: Fashioning new futures from contested pasts (Leiden: Brill, 2010).

Printed in the United States
By Bookmasters